思想的・睿智的・獨見的

經典名著文庫

學術評議

丘為君　吳惠林　宋鎮照　林玉体　邱燮友
洪漢鼎　孫效智　秦夢群　高明士　高宣揚
張光宇　張炳陽　陳秀蓉　陳思賢　陳清秀
陳鼓應　曾永義　黃光國　黃光雄　黃昆輝
黃政傑　楊維哲　葉海煙　葉國良　廖達琪
劉滄龍　黎建球　盧美貴　薛化元　謝宗林
簡成熙　顏厥安（以姓氏筆畫排序）

策劃　楊榮川

五南圖書出版公司 印行

經典名著文庫

學術評議者簡介（依姓氏筆畫排序）

- 丘為君　美國俄亥俄州立大學歷史研究所博士
- 吳惠林　美國芝加哥大學經濟系訪問研究、臺灣大學經濟系博士
- 宋鎮照　美國佛羅里達大學社會學博士
- 林玉体　美國愛荷華大學哲學博士
- 邱燮友　國立臺灣師範大學國文研究所文學碩士
- 洪漢鼎　德國杜塞爾多夫大學榮譽博士
- 孫效智　德國慕尼黑哲學院哲學博士
- 秦夢群　美國麥迪遜威斯康辛大學博士
- 高明士　日本東京大學歷史學博士
- 高宣揚　巴黎第一大學哲學系博士
- 張光宇　美國加州大學柏克萊校區語言學博士
- 張炳陽　國立臺灣大學哲學研究所博士
- 陳秀蓉　國立臺灣大學理學院心理學研究所臨床心理學組博士
- 陳思賢　美國約翰霍普金斯大學政治學博士
- 陳清秀　美國喬治城大學訪問研究、臺灣大學法學博士
- 陳鼓應　國立臺灣大學哲學研究所
- 曾永義　國家文學博士、中央研究院院士
- 黃光國　美國夏威夷大學社會心理學博士
- 黃光雄　國家教育學博士
- 黃昆輝　美國北科羅拉多州立大學博士
- 黃政傑　美國麥迪遜威斯康辛大學博士
- 楊維哲　美國普林斯頓大學數學博士
- 葉海煙　私立輔仁大學哲學研究所博士
- 葉國良　國立臺灣大學中文所博士
- 廖達琪　美國密西根大學政治學博士
- 劉滄龍　德國柏林洪堡大學哲學博士
- 黎建球　私立輔仁大學哲學研究所博士
- 盧美貴　國立臺灣師範大學教育學博士
- 薛化元　國立臺灣大學歷史學系博士
- 謝宗林　美國聖路易華盛頓大學經濟研究所博士候選人
- 簡成熙　國立高雄師範大學教育研究所博士
- 顏厥安　德國慕尼黑大學法學博士

經典名著文庫150

權威與個人

Authority and the Individual

伯特蘭・羅素(Bertrand Russell)著
儲智勇 譯
張炳陽 導讀

經典永恆・名著常在

五十週年的獻禮・「經典名著文庫」出版緣起

總策劃 楊榮川

五南，五十年了。半個世紀，人生旅程的一大半，我們走過來了。不敢說有多大成就，至少沒有凋零。

五南忝爲學術出版的一員，在大專教材、學術專著、知識讀本出版已逾壹萬參仟種之後，面對著當今圖書界媚俗的追逐、淺碟化的內容以及碎片化的資訊圖景當中，我們思索著：邁向百年的未來歷程裡，我們能爲知識界、文化學術界做些什麼？在速食文化的生態下，有什麼值得讓人雋永品味的？

歷代經典・當今名著，經過時間的洗禮，千錘百鍊，流傳至今，光芒耀人；不僅使我們能領悟前人的智慧，同時也增深加廣我們思考的深度與視野。十九世紀唯意志論開創者叔本華，在其〈論閱讀和書籍〉文中指出：「對任何時代所謂的暢銷書要持謹慎的態度。」他覺得讀書應該精挑細選，把時間用來閱讀那些「古今中外的偉大人物的著作」，閱讀那些「站在人類之巔的著作及享受不朽聲譽的人們的作品」。閱讀就要「讀原著」，是他的體悟。他甚至認爲，閱讀經典原著，勝過於親炙教誨。他說：

> 「一個人的著作是這個人的思想菁華。所以，儘管一個人具有偉大的思想能力，但閱讀這個人的著作總會比與這個人的交往獲得更多的內容。就最重要的方面而言，閱讀這些著作的確可以取代，甚至遠遠超過與這個人的近身交往。」

爲什麼？原因正在於這些著作正是他思想的完整呈現，是他所有的思考、研究和學習的結果；而與這個人的交往卻是片斷的、支離的、隨機的。何況，想與之交談，如今時空，只能徒呼負負，空留神往而已。

三十歲就當芝加哥大學校長、四十六歲榮任名譽校長的赫欽斯（Robert M. Hutchins, 1899-1977），是力倡人文教育的大師。「教育要教眞理」，是其名言，強調「經典就是人文教育最佳的方式」。他認爲：

> 「西方學術思想傳遞下來的永恆學識，即那些不因時代變遷而有所減損其價值

的古代經典及現代名著，乃是眞正的文化菁華所在。」

這些經典在一定程度上代表西方文明發展的軌跡，故而他爲大學擬訂了從柏拉圖的《理想國》，以至愛因斯坦的《相對論》，構成著名的「大學百本經典名著課程」。成爲大學通識教育課程的典範。

歷代經典・當今名著，超越了時空，價值永恆。五南跟業界一樣，過去已偶有引進，但都未系統化的完整舖陳。我們決心投入巨資，有計劃的系統梳選，成立「經典名著文庫」，希望收入古今中外思想性的、充滿睿智與獨見的經典、名著，包括：

- 歷經千百年的時間洗禮，依然耀明的著作。遠溯二千三百年前，亞里斯多德的《尼各馬科倫理學》、柏拉圖的《理想國》，還有奧古斯丁的《懺悔錄》。
- 聲震寰宇、澤流遐裔的著作。西方哲學不用說，東方哲學中，我國的孔孟、老莊哲學，古印度毗耶娑（Vyāsa）的《薄伽梵歌》、日本鈴木大拙的《禪與心理分析》，都不缺漏。
- 成就一家之言，獨領風騷之名著。諸如伽森狄（Pierre Gassendi）與笛卡兒論戰的《對笛卡兒沉思錄的詰難》、達爾文（Darwin）的《物種起源》、米塞斯（Mises）的《人的行爲》，以至當今印度獲得諾貝爾經濟學獎阿馬蒂亞・

森（Amartya Sen）的《貧困與饑荒》，及法國當代的哲學家及漢學家余蓮（François Jullien）的《功效論》。

梳選的書目已超過七百種，初期計劃首爲三百種。先從思想性的經典開始，漸次及於專業性的論著。「江山代有才人出，各領風騷數百年」，這是一項理想性的、永續性的巨大出版工程。不在意讀者的眾寡，只考慮它的學術價值，力求完整展現先哲思想的軌跡。雖然不符合商業經營模式的考量，但只要能爲知識界開啓一片智慧之窗，營造一座百花綻放的世界文明公園，任君遨遊、取菁吸蜜、嘉惠學子，於願足矣！

最後，要感謝學界的支持與熱心參與。擔任「學術評議」的專家，義務的提供建言；各書「導讀」的撰寫者，不計代價地導引讀者進入堂奧；而著譯者日以繼夜，伏案疾書，更是辛苦，感謝你們。也期待熱心文化傳承的智者參與耕耘，共同經營這座「世界文明公園」。如能得到廣大讀者的共鳴與滋潤，那麼經典永恆，名著常在。就不是夢想了！

二〇一七年八月一日　於

五南圖書出版公司

目次

導讀

調和權威與個人創立一個美好世界

國立臺北教育大學語文與創作學系退休教授 張炳陽

一、引言

羅素在他的《自傳》中談到二戰前他到美國講學，在一九四四年回到英國時，發現自己的一些觀念有所改變。他再度享受到討論的自由，這在美國本是很平常的，但在英國卻是很難得，他有一種回到家裡的感覺。羅素認為到一九四〇年代末，這一種感覺更爲明顯，因爲此時他沒有再被視爲是個有問題的人物而被限制與年輕人打交道，反而英國廣播公司（BBC）在一九四八年邀請他爲里斯講座（Reith Lectures）作了六個場次的序列演講。

羅素說他非常喜歡這種自由討論的氣氛，並因此選擇了「權威與個人」作爲演講的題目。一九四九年，這些演講以《權威與個人》（*Authority and the Individual*）爲書名出版。其中他以很大篇幅講述了隨著工業化程度的加深，個人的自由越來越少的問題。他認爲，儘管這一危險爲世人所公認，但是人們都沒有採取什麼措施來解決這一問題。羅素在這些演講中提出這樣一個問題：「我們怎樣才能把人類進步所需要的個人積極性與社會聚合力很好地結合起來。」因此這本書主要在論述調和來自國家「權威」與「個人」的創造力兩者的衝突與融合的問題。

根據臺灣《教育大辭書》對「權威」一詞的解釋：「權威通常指一位領導者或機構具有強迫人服從的特質，此種特質是來自於其所具有的某種合法性（legitimacy）。另外，權威也可指某一個殊定職位所具有的權力（power），此種權力可使在位者執行其指定的任務或應履行的責任。最後，權威也可指一種具有某些權力的權力單位或政府組織。」第一個含義指「合法的強制性」，第二個含義指「能夠執行此強制性的權力」，第三個含義指「執行和發揮此強制力量的職位和組織」。又解釋說：「權威主要與非個人性的規範性秩序或價值體系有關，權威的發生來自於服從權威者願意接受這些規則秩序或價值體系，作爲個人行爲的約束。因此權威與權力（power）不同，後者指一個人透過身體上、心理上的（至少是獎懲的形式）強迫（coercion）來迫使他人接受自己的意志；而前者雖然背後有不同的權力形式支持，但主要仍與社會控制有關。」

由以上的解釋，我們似乎可以得到以下的理解：一、權威是一種具合法性而與個人相對立的一種掌控權力；二、這種權力是藉由權力單位或政府組織來實施社會控制，進而達成對個人行爲的約束。一個國家和社會的權威強大雖然有利團結國家整體力量和社會的凝聚力，但是過度強大則往往會限制、壓抑個人的自由，包括人身的自由、思想的自由、創造的自由等等，這一點在古代封建宗法社會以及近現代的專制極權國家中可以很清楚看到。羅素在這一系列的演講中就是試圖論述權威與個人之間的種種問題。

二、羅素的生平與學習歷程

羅素（Bertrand Russel, 一八七二—一九七〇）是數學家、哲學家、教育家、社會活動家、女權主義者，也是諾貝爾文學獎得主。羅素在兩歲之時母親去世，在四歲時父親去世，六歲時祖父也去世，羅素的童年和青少年時期主要由他的祖母羅素伯爵夫人養育和教育成長。由於祖母是個嚴謹的基督徒，致使羅素從小就對基督教帶有矛盾的情愫，但是他都將這些情愫隱藏起來，因此羅素的青春期是非常孤獨的，他經常考慮自殺。羅素家族有自由主義（liberalism）的傳統，祖母除了在宗教上較保守之外，教導羅素要秉持社會正義、不可跟隨眾人爲惡，這些原則影響了羅素一生。羅素在十八歲時讀了自由主義者米爾（J. S. Mill, 一八〇六—一八七三）的《自傳》對第一因的駁斥之後，就澈底成爲一個無神論者。二十幾歲時讀了斯賓諾莎（Baruch de Spinoza, 一六三二—一六七七）的著作後又被後者的泛神論宗教觀所吸引，成爲學者後他有一篇論文〈神祕主義與邏輯〉，似乎可以看到一個數理哲學家的神祕主義觀點。

羅素十八歲（一八九〇）時進入劍橋大學，在懷德海（A. N. Whitehead）等人的指導下學習數學，後來受到新黑格爾學派哲學家影響，如麥克塔格（J. M. E. McTaggart）和布萊德雷（F. H. Bradley），一度成爲黑格爾主義者。羅素在一八九五—一八九七期間主要研究數學基礎，他在一八九五年寫的論文《論幾何學的基礎》就是在麥克塔格的影響下完成的，此論文並在一八九七年修訂後出版成書，是羅素的第一本哲學著作，其中的邏輯來自布萊德雷和鮑桑揆（B. Bosanquet），而空間理論來自康德（I. Kant, 一七二四—一八〇四）。羅素在劍橋大學初期受到新黑格爾學派影響，雖一度成爲黑格爾主義者，但不久就受到朋友穆爾（G. E. Moore）的影響，在一八九八年放棄了黑格爾的觀念論哲學，回到實在論（realism）的立場，認爲普通世界的實在性不能放棄，並試圖以數學和邏輯解決哲學問題，他認爲哲學在本質上就是邏輯問題，邏輯甚至可以闡明形上學的問題。在一九〇三年他出版的《數學原理》（*The Principles of Mathematics*）是一部論數學基礎的作品，該書提出了一個邏輯主義的論點，即數學和邏輯是同一的。在一九一〇年至一九一三年間出版三卷本的《數學原理》

（*Principia Mathematica*）是與懷德海合寫的，這本書連同之前的《數學原理》，很快就使羅素在數學和哲學領域內聞名於世。一九一〇年羅素成為劍橋大學三一學院的講師，從此開始了他的學術生涯。

三、羅素的社會關懷和參與

第一次世界大戰期間，羅素是少數幾個積極從事和平主義反戰活動的人，一九一六年羅素因反戰被英國政府定罪後，他被三一學院開除。後來羅素又因公開演講，反對邀請美國站在英國一邊參戰而被定罪，一九一八年在布里斯頓監獄被監禁六個月。於一九一九年羅素恢復了三一學院的職務，一九二〇年辭職。羅素後來在一九二二年發表的演講（隨後出版）《自由思想與官方宣傳》（*Free Thought and Official Propaganda*）中，把這些描述為國家用來侵犯言論自由的非法手段。《自由思想和官方宣傳》的內容論及社會中不受限制的言論自由的重要性，以及國家和政治階層通過教育、罰款、經濟調動和歪曲證據來干預言論自由的問題。

一九二〇年羅素曾作爲英國政府派出的調查俄國革命影響的官方代表團的一員，前往俄國。在他的自傳中提到他覺得列寧令人失望，這次的經歷破壞了他以前對俄國革命的初步支持。此外，羅素對教育也很有興趣，他曾經和第二任妻子朵拉（Dora Black）在一九二九年創辦一所實驗學校，在校內施行自由甚至放任學習方式，更拒絕任何一種宗教的信條教導。羅素於一九三二年離開這個學校，朵拉則繼續辦學，直到一九四三年。羅素是個自由思想家，在那保守的年代，他已經大力爲廢除死刑、安樂死和女性參政權辯護。

羅素在第二次世界大戰前的一九三八年到美國芝加哥大學教書，後來又到加州大學洛杉磯分校哲學系教書，一九四〇年在紐約市立大學擔任教授，一九四四年羅素返回英國後，此時由於對納粹和法西斯有新的認識，羅素不再像以往一樣反戰，而是成了堅決的主戰派。羅素回到英國後在三一學院講學兩年，並且寫作《人類的知識：其範圍和界限》。

在一九一六年以後，羅素出版了許多關懷社會的著作，如一九一六年的《戰時的正義》和《社會改造原理》，一九一七年的《政治理想》，一九一九年的《自由之路》等。一九三〇年之後羅素將興趣投入社會運動和教育問題，一九三八年羅素赴美國講學，除了在芝加哥和紐約等地任教外，也在哈佛大學以《對意義與眞理的探究》做專題演講，一九四〇年將此演講出版，這是羅素重要的知識論著作。一九五〇年羅素榮獲諾貝爾文學獎。

四、本書的重點

羅素在他的《自傳》中說，在《權威與個人》演講中他提出這樣一個問題：「我們怎樣才能把人類進步所需要的個人積極性與社會聚合力很好地結合起來。」他認爲問題的關鍵在於：「社會既要讓人們獲得安全、主持正義，還要讓社會自身獲得進步。要達到這個目的，既要有一個常設機構即國家，也要有個人的自由。」羅素認爲，政府的形成能更強有力地來保護個人的安全和促進個人的福祉，國家和社會是虛存的，個人才是實存的，快樂和痛苦最終都是落實在具體的個人身上。換言之，國家是達成個人目的的媒介或手段。羅素的這種看法很具英國經驗主義的哲學傳統。

但是國家同樣重要，因爲國家可以保衛個人免於自由被剝奪，而防止戰爭的發生對於個人自由來說是完全必要的。一旦戰爭臨近或在進行，人們的種種重要的自由都遭到剝奪，只有和平來臨時才得到恢復。因此羅素在《自傳》中回顧說：「這些演講對我的一生十分重要，它們涉及我自一九一四年以來一直關注的那些話題：個人與國家的關係。」羅素在這些演講中簡要地談到政府權力的興衰史，爲了保護一個個別國家的安全，羅素主張必須建立一個世界性的政府，一個頗具權威的機構，讓它在國際事務中去支配各國政府。羅素認爲，除非一個人可以自主地擁護任何一種在他看來是最好的政府形式，他才有可能享有自己的全部自由，而這必須要有一個國際權威組織加以保護。

在本書第一講中羅素指出，人性中有著各種侵略的衝動，也有各種創造的衝動，社會卻禁止我們放縱它們，如果單單以比賽和競賽的形式來替代是不能得到滿足的，我們從人類祖先那裡承繼的本能衝動更多。羅素認為沒有競爭人是不會幸福的，因為競爭是大多數行為的動力，所以不應該試圖消除競爭，只要注意讓這個競爭採取不極端有害的形式即可。戰爭這種形式是有害的，運動、文學、藝術以及立憲政治等的競爭幾乎是無害的，而且能為人好鬥的本能提供充分的宣洩出口。羅素認為人類的各種原始衝動和文明的生活方式是可以調和的。

羅素在第二講主要談論社會凝聚力在各個歷史時代所發生的變化，從原始部落談到近現代國家。羅素這裡所謂的「社會凝聚力」可以理解為「群體權威的形成」，小自部落大到國家的權威組織都是社會凝聚力的表現，羅素認為社會凝聚力最重要的是有其心理基礎，而且現代技術促進了大的社會群體中的凝聚心理。早期政府有兩種職能，一是消極的，即防止私人暴力，保護生命財產，因此制定刑法規範之；二是積極的，即促使大多數公民的共同願望之實現，和進行戰爭。但是現在政府的職能擴大了，首先是教育（包括學術、灌輸忠誠與信仰），其次是對大型工業企業的控制。在這樣的一種體制下，有能力的人變得絕望，本該充滿活力的人變得厭倦和輕浮，由此國家的積極職能也就不可能活躍而高效力地實現。羅素認爲，從中我們可以觀察到歷史上的一種雙重運動，一方面，存在著一種週期性的發展，即從鬆散而原始的組織類型到逐漸有序的政府（它擁有更廣闊的領土，並且對個人生活的更多方面加以規範）的發展。人們讚美前輩的功績，卻再也比不上他們；藝術變得因襲，科學也因爲對權威的尊崇而被斷送。除了這種週期性運動之外，還有另一種運動。在每一次循環的頂峰，一個國家的統治的區域比以往任何時候都要大，當局對個人實施控制的程度也高於先前任何一個最高點。羅素認爲，現代技術已經使增強政府控制的強度成爲可能，在集權主義國家裡，這種可能已經被非常充分地利用了。因此，世界上個人的自由就受到越來越多的限制。

在第三講中羅素認爲，隨著人類變得更文明，個人與個人之間的行爲差異變得更大，社會如果要繁榮，就需要有一定數量的這種差異類型的人，因爲社會的進步，如藝術上的、道德上的和思想上的，都取決於這些個人，這些人是人類從野蠻狀態邁向文明狀態轉變的決定因素。羅素認爲，社會要進步，就需要一些「不同尋常的個人」。這個觀點有點類似黑格爾的「歷史中的英雄人物」，是這些人物在推動歷史進程的發展。羅素從現代社會的經驗觀察到，在高度組織化的社會裡，對這些個體的行爲，始終有一種過度的限制的趨勢，但是社會如果對這些個體完全不加控制的話，除了能產生有價值的創新者外，也可能產生出一個罪犯。羅素認爲這是一個平衡的問題，自由過少帶來社會停滯，過多則導致混亂。此外，在這一講中，羅素積極反對集權主義，認爲這個體制是對個人過度增長的控制而造成的，集權主義體制對每一種道德進步造成致命的影響，它是最糟糕的體制。

在第四講中，羅素認爲競爭是人性中一個極其強大的動機，社會主義者經常將競爭貶抑爲資本主義的弊端之一，人們也強烈的反對很多不同形式的競爭，但羅素認爲競爭對促進必要的努力卻具有實質性的作用，在一些領域，競爭還爲將可能引起戰爭的那些衝動提供了一個相對無害的發洩出口。

但是要想讓競爭不變得殘酷而有害，對競爭中失敗者的懲罰不能是災難性的。例如，如果一場足球比賽的輸隊要被處死或挨餓，那麼足球比賽就不是一項討人喜愛的運動競賽了。如果沒有競爭，人性也得不到眞正的快樂。例如，競賽中的兩個足球隊，如果兩隊在比賽過程中約定禮尚往來，輪流進球，這邊進一球，那邊就進一球，完全沒有競爭的意圖，這種沒有競爭的比賽就得不到人性中的快感。

在第五講中，羅素認爲一個健全而進步的社會既需要集中控制，也需要個人和群體的積極性：沒有控制，會出現無政府狀態；沒有積極性，社會則會出現停滯。這裡所謂的「積極性」主要指主動性和自由度。羅素認爲政府的主要目的有三個：安全、公正和保護。他認爲，這三個目的只有政府才能做到，這些都是對人類幸福至關重要的事。換言之，羅素認爲，國家和政府的組織提供安全、公正和保護，讓個人能在這種環境之中創造出幸福的生活方式。羅素說，我們不能僅僅滿足於活著而沒有死去；我們希望幸福快樂、充滿精力並富於創造力地活著。

在最後一講中，羅素首先簡要重述前幾講的結論，就是區分社會活動的兩個主要目的：一方面，安全和公正需要集中的政府控制，甚至必須擴展至建立起一個世界政府。另一方面，進步則需要爲與社會秩序相容的個人主動性提供最大的活動空間。羅素認爲，盡可能保證實現這兩個目的的方法是權力下放，他特別提到報紙、書籍以及政治宣傳都必須允許眞正的競爭，並且要小心防範政府的控制以及其他的壟斷形式。在文化問題上，多樣性是進步的一個條件。其次，他再強調威權體制對保護個人主動性的關注太少，往往讓個人去適應制度，而不是讓制度來適應個人，高度組織化的社會往往缺乏自發性，而這和政府當局對廣大領域的過度控制是分不開的。但是，羅素十足確信，我們從外部自然束縛的解放，使得從未有過的更大程度的人類福祉成爲可能。但是要實現這種可能，就必須讓人們在所有肯定無害的方面自由發揮個人的主動性，並且要鼓勵會使人類生活變得豐富多彩的各種形式的主動性。透過使人馴服和膽怯，我們不可能建立一個美好的世界，而是要透過鼓勵他們勇敢大膽、敢於冒險和無所畏懼來創立一個美好的世界。

卷首語

在準備這些演講的過程中，不僅在細節方面，而且在總體的觀念以及把它們應用於當前的情況方面，我一直得到我的妻子派特麗夏·羅素的至關重要的幫助。

導言

在將近五十年的歲月裡，[1]里斯講座在現代英國文化生活中一直享有獨特的地位。講座按照慣例在深秋和初冬時節舉辦，它們是向英國廣播公司的創始負責人約翰・里斯[2]表示敬意。里斯傲慢、專橫、具有報復心，是一個專制的管理者和讓人畏懼的人物，他既極大地刺傷過下屬以及主管們的情感，又非常成功地創立了英國最令人讚賞和最持久的機構之一。里斯堅持認爲，英國廣播公司應讓它的聽眾享受到最傑出的演講者對最廣泛的主題所做的論述。里斯講座忠實地貫徹執行了上述主張，其挑選演講者的標準始終

1 這個導言寫於一九九五年，距里斯講座開辦已近五十年。——譯注

2 約翰・里斯（一八八九—一九七一），一九二二年任英國廣播公司經理，一九二七—一九三八年任董事長。——譯注

是，他們興趣廣泛，精通自己講述的論題，以及能夠不費力氣地使困難的論題對廣大聽眾變得易於理解。因此，從一九四八年起，英國公眾得以受到人類學家和動物學家、天文學家和外交家、藝術史家和經濟學家、神學家和企業巨頭們的啓迪。

里斯講座要成爲一項非常持久的事業，這無疑是講座的創辦者英國廣播公司董事會的雄心所在——即便老實說，這並不是它的期望。對董事會來說，在戰後調整時期艱難的早期歲月裡，創辦這一講座並不僅僅是爲了向里斯致敬，更重要的，是爲了促進對一個迥然不同的世界的理解，這是一個由工黨政府和原子能、歐洲復興和超級大國競賽、帝國主義挑戰和經濟衰退構成的世界。他們雄心勃勃，確實想創辦一個一年舉辦一次的廣播版的吉福德講座[3]——一個由英國最富原創性的思想家和最有創造力的研究者主持的、面對廣大聽眾的、通俗易懂的講座。爲了進行首場該系列講座，並由此不但

3 吉福德講座是世界上最著名的自然神學講座。——譯注

定下講座的調性，而且確立講座的信譽，董事會邀請了英國最著名的公共知識分子——伯特蘭・羅素。

二十世紀英國文化和思想精英所寵愛的這樣一種地位，既令羅素感到愉快，同時也使他感到新奇。在羅素特別漫長的一生中，其學術、政治和個人聲譽一直都（並且將繼續）劇烈起伏，而緊隨二戰結束之後的那個十年，是他具有公共威望的少有的時期。一八七二年，羅素生於一個非常顯赫而且穩定的英國輝格黨貴族世家，在大戰爆發前的二十年裡，他就已經獲得了思想上的聲望。在劍橋專門爲他設立的邏輯學和數學哲學講席上，他有著二十年不間斷的思想成就。其間羅素的著作包括《論幾何學基礎》（一八九七）、《對萊布尼茲哲學的批評性解釋》（一九〇〇）、《數學的原理》（一九〇三）、《哲學問題》（一九一二）、《數學原理》（三卷本，一九一〇—一九一三），以及超過三十篇在英國、法國、義大利和美國刊物上發表的重要論文，他的名氣已經很大了，不僅是一位擁有罕見的複雜技術以及甚至更罕見的文體鑑賞力的令人肅然起敬的邏輯學家，而且是一項新的並且強有力的思想推理技術──分析哲學──的主要倡導者。一戰前夕，羅素確實已經無可爭議地成爲了英語世界中最著名也最有影響的哲學家。

然而，大戰的爆發改變了羅素的生活；如果說他的哲學著作給他帶來了名望的話，大戰則使他聲名狼藉。儘管羅素從來不是一個典型的遠離塵世的劍橋教書匠──他在一九〇三年的關稅改革運動以及始於一九〇七年的婦女選舉權運動中都很活躍，並且在一九一〇年發起了一場不成功的議會競選運動──但羅素依然不是一個公眾人物。然而隨著一九一四年夏英國不屈不撓地邁向戰爭，羅素首先投身於中立運動，隨後則致力於反戰運動──演講、寫作、組織協調和出謀劃策。羅素並不是和平主義者，但他堅信，這場戰爭──而不是所有的戰爭──是一個錯誤；確實，這場戰爭冒犯了他所有的政治直覺和道德原則。隨著戰爭深入，英國的參與擴展了，羅素的反對也加深了，他反對粗魯地對待有良知的反戰者，反對壓制公民的自由權，也反對英國指揮官的鋪張浪費。這一反對是尖銳的、不屈不撓的，也是非常不受歡迎的，這是羅素生命中獨特的經歷；不但各方面都情緒激憤，羅素因此而疏遠了朋友，惹惱了同盟者，也激怒了當局，而且他意識到，戰爭確實受到了他的絕大多數同胞的支持，這使他震驚並感到迷惑。解釋戰爭何以被接受——說明英國民眾的好戰和仇外，並探究他們爲什麼容易受到新聞巨頭誇大宣傳的影響以及他們對於政府集權趨勢的漠不關心——在一九一八年以後的歲月裡成了羅素核心的思想和政治工作。

兩次大戰間的歲月由此目睹了一個非常不同的羅素，他投身於一種非常不同的工作當中。由於自覺地決心成爲二十世紀的伏爾泰，羅素立刻——並且常常以一種很公開的方式——投身到範圍極其廣泛的各種論題的討論當中，努力重建社會和使個人重獲新生，以避免再一次的軍事災難。演講、寫作、教書、旅行，羅素所派出來參戰的並不是單個的探子，而是言語的大軍——涉及政治理論（《自由之路》（一九一八）和《權力論》（一九三八）[4]），涉及經濟變遷（《工業文明的前景》（一九二三）），

4 全名為《權力：一個新的社會分析》（*Power, a New Social Analysis*）。——譯注

涉及歷史〔《自由與組織一八一四—一九一四》（一九三四）〕，涉及亞洲的未來〔《中國問題》（一九二二）〕，涉及俄國〔《布爾什維主義的實踐和理論》（一九二〇）〕，涉及教育〔《論教育》（一九二六）以及《教育和社會秩序》（一九三二）〕，涉及婚姻和性〔《婚姻與道德》（一九二九）〕，涉及數學〔《數理哲學導論》（一九一九）〕，涉及法西斯主義〔《用什麼方法去爭取和平？》（一九三六）〕，涉及科學〔《原子初步》（一九二三），《科學的未來》（一九二四）[5]以及《科學世界觀》（一九三一）〕，涉及大眾哲學〔《心靈分析》（一九二一）和《哲學概要》（一九二七）〕，以及涉及宗教〔《我相信什麼？》（一九二五）〕。

儘管其中的很多著作和大多數作爲補充的文章生命力並不長久，這些作品依然影響了廣泛的讀者，並且進一步加劇了羅素的惡名；確實，儘管他關於宗教、倫理和性的開明觀點吸引著年輕、獨立自主和自由思考的人，它們卻同時冒犯了閒適、因循和墨守成規的人。

5 全名為《伊卡洛斯或科學的未來》（*Icarus or the Future of Science*）。——譯注

二戰爆發之際，羅素正在美國教書。他渴望回到英國，並參與到對他廣受歡迎的作品的辯論之中，而當時的英國政府卻一直禁止他回國，政府實在太樂於記著他早期的反戰觀點和行爲了，卻不相信他當前的——也是相當誠懇的——關於支持對納粹德國和法西斯義大利鬥爭的聲明。他因此在美國一直待到一九四四年夏天——寫作，演講，教書，並且爲《西方哲學史》（一九四五）——這將成爲他最廣爲閱讀的作品——準備大量的手稿。

羅素後來不僅回到了英國，而且回到了劍橋，不僅回到了劍橋，而且回到了三一學院——十九世紀九〇年代他曾是這裡的一名大學生，二十世紀頭十年則是一名教師，一九一六年也正是在這裡，他被不能容忍他的反戰觀點的大學董事會所驅逐。受他原來的大學朋友而現在是三一學院院長的G. M.特里威廉的邀請，羅素認可並且愉快地接受了提供給他的研究員職位，因爲這是對先前那些不公正的一個糾正，也是對他持續作爲二十世紀一位傑出哲學家的一個證明。在盟軍入侵法國的直接餘波和打敗德國的最後階段回到英國，回到三一學院，回到牛頓所擁有的房間[6]，對於羅素意味頗多，他在二十世紀三〇年代後期苦惱而悲觀地離開了英國——對英國外交和防禦政策的那些藉口滿懷憤怒，對國民政府在緩解彌漫性的社會和經濟苦難方面的無能和不爭充滿沮喪，並且對是否將他的孩子作爲英國國民來撫養也猶豫不決。但是一九四四年，那一低迷、不眞誠的時代已經過去了，而緊接著的盟軍的凱旋、工黨的勝利以及《西方哲學史》在出版上的成功都一起振奮了羅素的精神，並且使他天生的適應力和樂觀主義迅速成長起來。

在三一學院，羅素受到了老朋友們和那些少數未服兵役的學生們的熱烈歡迎。隨著戰爭的結束，以及緊接著的工黨的勝利和《西方哲學史》的成功，羅素發現自己已經被人們當成是名人。學院當局並不指望他去教書或者

---

6 牛頓（一六四三—一七二七）一六六七年被選為劍橋三一學院的研究員。羅素回到三一學院後，一直住在牛頓住過的房子裡（參見〔英〕伯特蘭・羅素：《羅素自傳（第三卷）》，徐奕春譯，商務印書館二〇〇四年版，第四十三—四十四頁）。——譯注

作演講，而羅素卻以一個七十二歲老人令人驚訝的活力和熱情投身到這兩項工作當中。讓他高興的是，他贏得了那些機敏而有悟性的聽眾。倫理學、認識論和哲學基礎等方面的導論性講座課程，使劍橋最大的報告廳爆滿。這些講座的要點出自他的《西方哲學史》（這本書本身很大程度上就是在美國的講座的彙編）。羅素的講座是令人難忘的表演——深入淺出，機智詼諧，挖苦嘲諷，主題廣泛，插科打諢，充滿了活力，試圖立刻迷住聽眾，也試圖體現出哲學研究的道德嚴肅性和思想的高貴性。對他在劍橋的聽眾以及遍布英語世界的讀者來說，羅素——約翰．羅素勛爵的孫子，以及約翰．斯圖亞特．米爾的教子——看來不僅很快和英國政治與文化的偉大傳統建立了活生生的連繫，而且也成爲了戰勝法西斯惡魔並粉碎了納粹恐怖的西方文化的充分體現。羅素因此不被人們看作——他也不把自己看作——是一隻牛虻或者一個叛逆，反而被人們看作是爲歡欣鼓舞的英國——她現在決心要在過去那些牢固而持久的基礎上建立一個全新的社會——增光添彩的人。

對羅素的獨特名望和他新的穩健風格的欣賞，很快就超越了劍橋，這很大程度上是由《西方哲學史》不俗的銷售業績造成的——在經濟短缺的英國，它的銷量只是由於紙張的匱乏才受到了限制。羅素因此很快就發現自己成了英國議會以及外交部所鍾愛的一名演講者（這對任何一個生活在一九一六年的人來說都是不可想像的）；接下來幾年，在它們的要求下，羅素遊歷了瑞士、挪威、德國和法國，以便就「文化與國家」以及「倫理和權力」這樣一些主題發表演講。

正是在恢復了名望的背景下，英國廣播公司發現了羅素。在二十世紀二〇年代和三〇年代，社會絕對無法接受羅素，里斯和他的繼任者也一直把羅素看作是一個充滿極端觀點的危險激進分子而加以迴避。現在，羅素顯然更溫和也更值得信賴，於是一九四四年末，他受邀出現在大眾智囊節目[7]中。他的出場是如此成功，以至於他幾乎立刻被邀請就「文明的未來」這一論題

7 英國廣播公司二十世紀四〇年代播出的、邀請專家組成座談小組討論時事問題的一個節目。——譯注

發表廣播演講，並在隨後和 J. B. S. 霍爾丹、弗里德里克・科普斯頓等一些知名人士展開辯論。讓英國廣播公司的策劃和導演高興的是，羅素被證明是一個近乎模範的廣播員——精確守時、見多識廣、生動活潑、富煽動性卻並不過激。到一九四六年底，英國廣播公司看來想要占有他，一九四七年一月，羅素已抱怨操勞過度，「因爲英國廣播公司極爲喜歡我」。[8]正是出於他的聲望——既包括演播室裡的聲望，也包括演播室外的聲望——他被邀請作爲里斯講座的開幕演講者。

從一九四八年節禮日[9]開始的連續幾個星期天的晚上，講座舉行了六次，每次半個小時的時間。這些演講完全是事先寫好的，並以羅素有些尖利卻極爲清晰的嗓音發表出來，這些演講都致力於同一個主題，即「把進步所必需的那種程度的個人主動性和生存所必需的那種程度的社會凝聚力結

8 引自羅納德・W. 克拉克：《羅素傳》（倫敦，一九七五年版），第四九六頁。——原注

9 聖誕節的次日，這一天應送禮物給雇員。——譯注

合起來」是否可能，關於這個主題，羅素和其他自由主義思想家已經苦苦思考了很長時間。也就是說，羅素的演講，既不是從一個正在進行的研究計畫裡所摘取的進度報告（就像 J. Z. 揚在一九五〇年以及彼德．梅達瓦爾在一九五九年的演講那樣），也不是畢生學術或專業工作的最終陳述（就像伯納德．洛福爾在一九五八年以及阿拉斯代爾．巴肯在一九七三年的演講那樣）。它們不如說是對個人與國家關係以及權力和權威在二十世紀所採取的演化形式整整四十年反思的產物。也就是說，羅素的講座既沒有對當前的研究進行總結，也沒有提供新的結論或者展示新的研究思路。相反，這些講座只是把他早期的思想精練了，把他在兩次大戰期間探討過的那些主題集中在了一起，反思了極權主義國家（既包括被打敗的，也包括還存在的）的遺產，並解釋了自由社會在二十世紀剩下的年代裡所面臨的挑戰。

就像羅素一開始在他的演講裡承認的那樣，至少從十七世紀起，國家權力（「權威」）和人類自由（「個人」）之間的適當平衡問題就一直處於自由主義政治理論的核心。但是羅素一九四八年非常直截了當地討論了這些問題——這在很大程度上幫助了廣大民眾對這些問題的了解和認識。在英國本土，正如羅素的聽眾充分意識到的那樣，一九四五年艾德禮政府的上臺，已經使英國開始了一個全新的進程——一個由國有化工業和教育改革、社會保險和國民醫療服務體系組成的進程，這個進程逐漸導致了政府當局對英國社會幾乎每個方面的全面擴張。這種擴張——對於社會凝聚力、個體積極性以及個人責任——的含義恰恰處於激烈的，並且常常痛苦的全國性爭論的中心，這一爭論不僅涉及很多特殊立法項目的細節，而且涉及每個英國國民的價值觀、行爲以及期望。在英國之外，二十世紀四〇年代後期，蘇聯體制在東歐的建立，同樣激起了關於極權主義國家本質以及增長中的國家控制的危險的激烈討論，其中亞瑟・科斯特勒、卡爾・波普和喬治・歐威爾對這一討論做出了令人難忘的貢獻。因此，在討論「權威與個人」這一主題時，羅素不僅提供了他自己長期積累的思考成果，而且也加入了一場熱情洋溢並且引人注目的、具有最廣泛可能結果的討論之中。

閱讀《權威與個人》，可以發現羅素充分展示了自己的特點，具有很強的說服力，他條理清晰、富於才智、嚴謹而不陰沉，考慮的不是爲世界政府、地方政府的改革或者爲關於自由的各種憲章提供詳盡的方案，而是要消除困惑以及清楚地闡明許多基本原理。我們可以發現，作爲一個精確的邏輯學家和有造詣的教師，羅素向我們說明了在得以明智地形成這樣一些方案之前所必須追問的那些問題的性質。羅素由此帶領他的讀者穿越了諸如社會的形成和目的，正義的本質和功能，教育的範圍和道德準則的演進，社會、經濟和思想進步的機制等這樣一些永恆並且也許帶有根本性的論題。而且，他是著眼於當時的現實來這樣做的：著眼於技術進步——這些技術進步既提高了國家監管和強制的能力，又縮減了個人抵禦權力的能力，著眼於戰爭形式的變化——這些變化預示著錯誤的侵略會帶來核末日，以及著眼於廣告、宣傳、媒體技術的創新——這些創新有可能削弱我們爲自己著想的能力和願望。在他第六講的結尾，羅素由此爲我們深刻地分析了當代西方社會所面臨的思想、政治和道德挑戰，嚴正地警告我們以其所有僞裝而出現的權威所具有的無孔不入的力量，並再次令人鼓舞地重申，人類自由不僅本身就是目的，而且也是人類進一步發展的手段。

無論以什麼標準來看，第一次里斯講座都是一次巨大的成功。當然，約翰・里斯從來不是一個容易討好的人，他抱怨羅素講得「太快了」，而且「嗓音也不好」。[10]然而批評者和聽眾卻給予了較多的讚揚。老朋友、原來的對手以及很多不知名的仰慕者給羅素寫了大量信件，他們幾乎所有人都同意T. S. 艾略特的判斷，即羅素是「爲數不多能寫英文散文的在世作家之一」，並贊成《泰晤士報》的評價，即這一演講標誌著「廣播史上的另一個里程碑」。[11]一九四九年暮春，當這些演講稍作修改後的版本以《權威與個人》一書的形式出版時，它既贏得了批評性的讚許，也贏得了很大的銷量，在一直持續到夏天的時間裡，這本書每週的銷量達到了五百本。

---

10 查爾斯・斯圖亞特等：《里斯日記》（倫敦，一九七五年版），第四六四頁。——原注

11 艾略特一九四九年六月十日致羅素的信，載《羅素自傳，一九四四—一九六七》（倫敦，一九六九年版），第五十二頁（中譯參見（英）伯特蘭・羅素：《羅素自傳（第三卷）》，徐奕春譯，商務印書館二〇〇四年版，第六十三頁）；《泰晤士報》的引語引自卡洛琳・摩爾海德：《伯特蘭・羅素》（倫敦，一九九二年版），第四六〇頁。——原注

正如這種有人發表批評意見但講座受到廣泛歡迎的令人滿意的局面所清楚表明的，《權威與個人》這本小冊子對於它的時代是及時而有力的，既證明了英國廣播公司選擇的正確性，也證實了羅素被重新發現的威望。此外，當我們這個動盪不安的世紀就要結束的時候，它對於權威的要求和自由的需要之間不可避免的緊張關係所作的有力而詳盡的闡述，反而增加了其打動人心的力量。就它的雄心而言，就它的分析所具有的智慧而言，以及就它的結論的啓發性而言，《權威與個人》對我們仍然是雄辯而有說服力的。

柯克・威利斯

喬治亞大學

第一講　社會凝聚力與人性

在這些演講裡，我打算考慮這樣一個根本問題：我們怎樣才能把進步所必需的那種程度的個人首創性和生存所必需的那種程度的社會凝聚力結合起來？我將從人性中的各種衝動入手，正是這些衝動使社會合作成爲了可能。我首先考察這些衝動在非常原始的社會裡所採取的各種形式，然後考察不斷進步的文明中逐漸變化的社會組織所帶來的各種適應性。接下來，我將討論在不同的時代和地區裡社會凝聚力的範圍和強度，它們導致了今天的社會以及這些社會在不久的將來進一步發展的各種可能性。在探討了使社會結合在一起的各種力量之後，我將著手討論人類社會生活中的另一個方面，即個人首創性，說明它在人類進化的不同階段曾經發揮過的作用，它在今天發揮的作用，以及未來在個人或者群體中首創性過多或者過少的各種可能性。隨後，我還將探討我們時代的一個基本問題，即由現代技術所引發的在組織和人性之間的衝突，或者換一種說法，經濟動機和創造以及占有衝動的分離。在論述了這一問題以後，我將考察爲了解決這一問題，我們能做些什麼，最後，我將把個人的思想、努力以及想像力和社會權威之間的總體關係作爲一個倫理問題來思考。

在包括人類在內的所有社會性動物中，合作與成群具有某種本能的基礎。這在螞蟻和蜜蜂身上最充分，牠們顯然從來沒有想過要做反社會的行爲，也從來不會背離對蟻巢或者蜂群的忠誠。在某種程度上，我們可以讚賞這種對公共責任的不渝的忠誠，但是它也有其缺陷；螞蟻和蜜蜂不能製作偉大的藝術品，也不能做出科學發現，或者創立宣揚所有螞蟻都是姐妹（all ants are sisters）的宗教。牠們的群居生活實際上是機械、呆板和靜態的。我們寧願人類生活具有一種動盪的因素，如果我們由此能夠避免這種進化上的停滯的話。

早期人類是一個脆弱並且稀少的物種，他的生存最初是不穩定的。在某個時期，他的祖先從樹上下來，失去了適於攀緣的腳趾的優勢，卻獲得了胳臂和手的便利。由於這些變化，他們獲得了一種好處，不必繼續生活在森林裡，但是另一方面，他們所分布的廣闊空間所提供的食物卻沒有他們在非洲熱帶叢林裡所享有的那麼充足。亞瑟．基斯爵士[1]推測，每個原始人需要二平方英里的土地來爲自己提供食物，其他一些權威人士提出的所需土地面積甚至還要大。根據類人猿以及倖存至今的大多數原始共同體來判斷，早期人類一定曾經生活於比家庭大不了多少的小群體中——這些群體的人數，根據推測，我們可以說大約在五十到一百人之間。在每個群體內部，似乎都有相當多的合作，但是對同類的其他所有群體，一發生接觸，就總是存有敵意。只要人類仍然稀少，和其他群體的接觸就總是偶然性的，而且大多數時候，也並不是很重要。每個群體都有它自己的領地，衝突只是在邊界上發生。在那些早期時代，婚姻看來一直都限於群體內部，這樣一來，必定會有大量的近親繁殖，而各種變異，無論是怎樣產生的，都會永久化。如果一個群體在數量上達到這樣的程度，以至於它現有的領地已經不夠用了，它可能會和某個相鄰的群體發生衝突，可以想見，在這樣的衝突裡，一個近親繁殖的群體

1 亞瑟·基斯（一八六六—一九五五），英國解剖學家和體質人類學家，對人類化石有專門研究，從事人類早期形體的修復工作，一九二一年受封為爵士。——譯注

已經獲得的超出其他群體的生物學上的優勢，會使它獲勝，並因此使它那有利的變異永久保持下去。亞瑟・基斯爵士已經非常令人信服地說明了這一切。顯然，我們早期的、初有人性的祖先，不可能依據一種深思熟慮的策略來做事，而必定一直是被一種本能的機制所驅使，這是一種由部落裡的友誼和對所有其他人的敵意組成的二元機制。由於原始部落非常小，每個人都相互熟知，這樣一來，友好情感的範圍就與相互熟知的範圍是相同的。

各種社會群體中最牢固而且最受本能驅使的，過去是，並且現在仍然是家庭。由於有很長的嬰幼期，並且由於幼嬰的母親在食品採集工作中受到了很大妨礙這一事實，家庭在人類當中是必不可少的。人類的這種狀況，和大多數鳥類的狀況一樣，使父親成爲家庭群體中的一個非常重要的成員。這必定曾經導致了一種勞動分工，在這種分工裡，男人狩獵而女人待在家裡。從家庭到小部落的轉變在生物學上大概和這一事實相關，即部落如果合作的話，狩獵將會更有效率，並且從很早的時候起，部落的凝聚力就必定已經由於與其他部落的衝突而得到增強和發展。

已經發現的早期人類和半開化人類的眾多遺存，目前足以提供一幅從最先進的類人猿到最原始的人類各個進化階段的相當清楚的圖畫。迄今爲止發現的、最早並且確信無疑的人類遺存估計屬於大約一百萬年前的時期，但是這個時期之前的數百萬年裡，看來就已經有了生活在陸地上而不是生活在樹林裡的類人猿。可以確定這些早期始祖進化狀況的最突出的特徵是腦的大小，它增長得非常快，直至達到它今天的容量，但是現在則近乎停滯了幾十萬年。在這幾十萬年裡，人類在知識方面、在習得的技能方面以及在社會組織方面都有了進步，但是就可以判斷的範圍而言，先天的智慧卻沒有提高。那種純粹生物學上的進步，就它可以從骨骼方面推測的而言，在很久以前就完成了。由此可以想像，我們先天的智力才能，相對於我們的所學，和新石器時代的人並沒有很大差別。我們似乎仍然具有那些本能，它們使人類在他們的行爲變得深思熟慮以前，帶著一種對內友好和對外敵視的明顯對立，生活在小的部落當中。從那些早期時代就已出現的各種變化，不得不部分程度上依賴這種原始的本能基礎，以及部分程度上依賴有時幾乎從未意識到的集體自利感作爲它們的驅動力。造成人類社會生活中的壓力和緊張的事情之一，是人們在一定程度上有可能意識到，某種並非由自然本能驅使的行爲可能具有理性基礎。但是當這樣的行爲過於嚴重地扭曲了自然本能時，自然就以生出倦怠或者產生破壞來進行他的報復，而這兩者中的任一種都可能使受理性激發的那一體系崩潰。

社會凝聚力，始於對群體的忠誠（這種忠誠由於對敵人的恐懼而得到加強），並透過部分出於本性、部分深思熟慮的進程而發展，直到它形成我們今天所知的像國家這樣巨大的聚集體。對於這些進程而言，很多力量都起了作用。在很早的階段，對群體的忠誠一定是透過對領袖的忠誠來強化的。在一個大的部落裡，即使平民個體常常互爲陌路，酋長或者王卻可能爲每個人所熟知。這樣一來，和對部落的忠誠相對的對個人的忠誠，就使群體的規模在不損害本能的情況下獲得增長成爲可能。

在某個特定階段，進一步的發展出現了。戰爭，最初是滅絕性的戰爭，逐漸變成了——至少部分程度上變成了——征服性的戰爭；被征服的人不再被處死，而是被當作奴隸，並被迫爲他們的征服者做苦工。當這種情況發生時，一個社會裡就開始有了兩種人，一種是部落的原始成員，只有他們是自由的，並且熟諳部落精神；另一種是臣服者，他們的服從是出於恐懼，而不是出於本能的忠誠。尼尼微和巴比倫統治著遼闊的領土，並不是因爲其臣民對實行統治的城市有什麼本能的社會凝聚意識，而只是由於其在戰爭中表現出的勇猛所引起的恐懼造成的。從那些早期時代直到今天，戰爭一直是擴大社會規模的主要手段，而恐懼也日益取代部落的休戚與共感成爲社會凝聚力的源泉。這一變化並不限於那些大的共同體；它也發生在，比如說斯巴達，在斯巴達，自由民只是一個少數群體，而希洛人則被殘酷壓迫。在整個古代，斯巴達都因它令人羨慕的社會凝聚力而被人們讚頌，但是除了恐懼所造成的表面忠誠以外，這種凝聚力從來沒有試圖包括全體人民。

在後來的文明發展階段中，一種新的忠誠開始逐漸形成；這種忠誠不是基於領土的相近或者種族的相似，而是基於信仰的一致。就西方來說，這似乎是從已經承認奴隸處於平等地位的奧菲斯教[2]團體開始的。除了它們以外，古代的宗教和統治連繫得非常緊密，以至於有著共同信仰的教友群體和在舊有生物學基礎上發展起來的群體在很多方面完全相同。但是信仰的一致已經逐漸成了一種越來越強的力量。它在軍事上的力量首先由回教在七世紀和八世紀的征服中顯示出來。它也爲十字軍東征和宗教戰爭提供了動力。在十六世紀，各種神學上的忠誠往往超越對民族的忠誠：英國的天主教徒常常和西班牙站在一邊，法國的胡格諾教徒[3]則和英國站在一起。另一種信仰，雖然沒有那麼明確，但仍然是強有力的——我們也許可以稱之爲「美國生活方式」。美國是由來自很多不同國家的移民組成的，它不存在生物學上的統一性，但是它卻有著和歐洲國家完全一樣強大的團結。就像亞伯拉罕・林肯說的那樣，它「奉行一切人生來平等的原則」。來到美國的移民常常飽受對歐洲的思鄉之苦，但是他們的孩子卻多半認爲美國的生活方式比舊世界的生

2　古希臘神祕宗教，相傳是奧菲斯所創立。——譯注

3　胡格諾教派是十六—十七世紀法國的新教派別。——譯注

活方式更好，並且堅信，這種生活方式如果普及開來，將會有助於人類的福祉。在美國和俄國，信仰的一致和民族的團結是結合在一起的，並由此獲得了一種新的力量，但這兩種相互競爭的信仰都有一種超越其國家邊界的吸引力。

在我們的時代，對大群體的忠誠是強有力的，在主觀上也令人滿意，就此而言，它仍然利用了在小的部落時代進化出的那種古老的心理機制。自從人類最初開始具備我們通常所具有的腦容量的時代以來，和那些由學校、宗教、宣傳和經濟組織所造就的事物相比，先天的人類本性並沒有多大變化。我們本能地把人類區分成朋友和敵人——對於朋友，我們有合作的道義；對於敵人，我們則有抗爭的道義。但是這種劃分也在不斷變化；有時候，一個人會仇恨他生意上的對手，而在另一個時候，當他們都受到社會主義或者一個外部敵人威脅時，他會馬上開始把對方看作是兄弟。一旦超出家庭的界限，始終是由外部的敵人爲我們提供凝聚起來的力量。在安全的時候，我們可能會仇恨我們的鄰人，但是在危險的時候，我們卻肯定會愛他。大多數時候，人們並不喜歡那些在公車上坐在他們身邊的人，但是在遭到大規模的空襲時他們卻會。

正是這種情況，給設計世界範圍的聯合手段帶來了難題。一個世界國家，如果是穩固地建立起來的，將不會有任何要害怕的敵人，並由此會因爲缺乏凝聚力而處於崩潰的危險當中。兩種偉大的宗教——佛教和基督教——一直都在尋求把對部落同伴自發的合作情感擴展到全人類。它們一直在宣揚人類的兄弟情感，而「兄弟情感」一詞的使用表明它們正試圖超越其源於生物學意義上的情感態度的自然邊界。如果我們所有人都是上帝的子孫，那麼我們就全都是一家人。但是實際上，在理論上採納了這種信仰的人總是會覺得，那些沒有採納這一信仰的人並不是上帝的子孫，而是魔鬼撒旦的後代，於是仇恨部落之外的人的古老機制又回來了，並在一種和它最初目的相反的方向上，賦予這種信仰以額外的活力。宗教、道德、經濟上的自利以及純粹生物學意義上的生存追求，都爲我們的智力提供了無可辯駁的、支持世界範圍合作的理由，但是我們部落祖先遺傳給我們的古老本能卻會憤然而起，感到如果沒有人可以仇恨的話，生活將會失去其滋味，而任何會喜歡像某某人這樣一個無賴的人將是一個可鄙的小人，鬥爭才是生活的法則，在一個所有人都彼此相愛的世界上，將不會有任何讓人期待的事情。因此，如果要實現人類的這種聯合，就必須找到防止我們在很大程度上是無意識的原始殘忍性的各種辦法，這部分程度上要透過建立法律的統治，部分則要透過爲我們的競爭本能找到各種無害的出口來實現。

這並不是一個容易解決的問題，也不是一個僅僅透過道德就能解決的問題。精神分析儘管無疑有它誇張甚至荒唐的地方，但是卻教給了我們很多正確而有價值的東西。即使你用乾草耙驅趕本性，它也還是要回來，這是一句老話，而精神分析則爲這句話提供了注解。我們現在知道，過於違反本性衝動的生活是這樣一種生活，它可能含有各種緊張的結果，這些結果完全可能像陷於被禁止的衝動中一樣有害。過著違反本性生活的人，超過一定的程度，很可能會充滿妒忌、怨恨以及所有的冷酷無情。他們可能會形成殘忍的性情，或者另一方面，他們可能會完全喪失生活中的所有樂趣，以至於不再有能力做出任何努力。在那些突然和現代文明發生連繫的原始人當中，已經觀察到了後面這種結果。人類學家曾經描述過，以割取敵人的頭顱作爲戰利品的巴布亞紐幾內亞土著，在被白人當局剝奪了他們通常的消遣之後，如何失去了所有的熱情，並且不再對任何事情感興趣。我並不想下結論說，他們應該被准許繼續以割取敵人的頭顱作爲戰利品，但是我確實想說，如果心理學家不辭辛苦，已經找到了某種無害的替代活動，那將是有價值的。各地的文明人，在某種程度上和巴布亞紐幾內亞土著一樣，處於德行的犧牲品的境地當中。[4]我們有各種侵略的衝動，也有各種創造的衝動，社會卻禁止我們放縱它們，而它以足球賽和令人筋疲力盡的角力形式所提供的替代品是遠遠不夠的。任何希望最終可能消除戰爭的人都應該認眞思考這一問題，即如何無害地滿足我們從一代代久遠的原始祖先那裡所承襲的各種本能。就我而言，我在偵探小說裡發現了一個充分的排遣辦法，我要麼把自己當作殺手，要麼當作追捕的偵探，但是我知道，對有些人來說，這種角色扮演的排遣過於溫和了，對他們，應該提供一些更強烈的排遣。

4 在這裡，羅素的意思是指德行會扭曲人的本性。——譯注我認爲，如果沒有競爭，普通人是不會幸福的，因爲自從人類起源以來，競爭就一直是大多數重大行爲的動力。因而我們不應試圖消除競爭，而只是要注意讓它採取並不極端有害的形式。原始的競爭是一種將會殺死另一個人及其妻兒的衝突；以戰爭形式出現的現代競爭仍然採用了這一形式。但是在運動、文學以及藝術競爭中，以及在立憲政治中，它採取的形式就幾乎無害，並且仍然爲我們那些好鬥的本能提供了相當充分的宣洩出口。就此而言，問題並不在於這些競爭形式是不好的，而在於它們在普通男男女女的生活中扮演了過於無足輕重的角色。

除了戰爭以外，現代文明日益趨於安全，但是說消除了所有的危險就會邁向幸福，對此我完全沒有把握。在這一點上，我想引用亞瑟·基斯爵士的《人類進化新論》（*New Theory of Human Evolution*）中的一段話：

那些曾探訪過生活於「野蠻正義」統治之下的民族的人，帶回了關於生活在這種狀況之下的土著的幸福生活的描述。例如：

福雷亞・斯塔克這樣報導南部阿拉伯半島：「當我在那個國家裡安全已不復存在的地方遊歷之時，我發現一個民族儘管對他們充滿無盡敲詐和掠奪的生活滿懷悲痛，但仍然像這世上每個地方的人一樣興高采烈，並充滿了日常的生活樂趣。」H. K. 福萊博士在澳大利亞原住民中也有類似經歷。「一個處於未開化狀態的土人」，他報導說，「生活於不斷的危險當中，周圍總是環繞著各種敵對情緒，而他仍然無憂無慮、興高采烈……慈愛地對待他的孩子，體貼地對待年邁的父母。」我的第三個例子來自於美國的克勞印第安人，多年來，R. 勞里博士一直在觀察他們的生活。他們目前在一塊保留地裡安穩地生活。「如果問一個克勞人」，勞里博士報告說，「他是願意要現在這樣的平穩生活呢，還是願意要以前那樣的危險？他的回答是——『以前那樣的危險……因爲那裡面有光榮。』」我設想，我一直在描述的這些野蠻生活狀況是人類在其整個最初進化時期的狀況。正是在這樣的狀況裡，人類的本性和特徵得以形成，而這些狀況中的一種就是血仇報復的習慣。

人類心理的這些結果說明了一些事情，至少對我來說，當我一九一四年第一次開始意識到它們的時候，這些事情是令人驚訝的。很多人在戰爭中比他們在和平時代要高興，只要戰爭所帶來的直接苦難並沒有過於沉重地打擊到他們個人。一種平靜的生活很可能是一種沉悶的生活。一個循規蹈矩的公民忙於謙卑地謀得一種平庸的生活，他這種缺乏冒險的生存方式完全沒能滿足他本性中所有這樣的部分——如果他生活在四十萬年以前，這部分本性本來會在尋找食物、砍掉敵人腦袋以及逃離虎口的過程中找到充分的發揮機會。當戰爭來臨，銀行職員可能會離開崗位，成爲一名突擊隊員，他最終會感到，他正按照本性想要他那樣的方式在生活。然而不幸的是，科學已經把如此強有力的、滿足我們破壞本能的手段置於我們的掌握之中，以至於聽任它們自由發揮作用，已不會再像人們被劃分爲很多小部落時所做的那樣，服務於任何進化的目的。對於緩和我們無政府主義衝動的問題，一直以來都很少有人研究，但是隨著科學技術的進步，這個問題變得越來越迫切。從純生物學的觀點來看，不幸的是，技術破壞性一面的發展遠遠要比創造性一面的發展更加迅猛。一個人片刻之間就可以殺死五十萬人，但是他卻不可能比我們原始祖先的時代更快地生育兒女。如果一個人可以像他使用原子彈毀滅五十萬個敵人那樣迅速地生育五十萬個子女的話，即使付出巨大的苦難代價，我們也可以把生物學上的問題留給爲了生存的競爭和適者生存的原則來處理。但是在現代世界裡，我們已經無法再依賴這一古老的進化機制了。

因此，社會改革者的問題就不僅僅是尋找安全的手段，因爲如果人們發現這些手段並不能提供強烈的滿足時，安全將會由於冒險所能帶來的光榮而被拋棄。確切地說，問題是要把對人類所不可缺少的那種程度的安全和那些與文明生活方式相容的冒險、危險和競賽的形式結合起來。在嘗試解決這一問題的過程中，我們必須始終牢記，儘管我們的生活方式和我們的制度以及我們的知識已經經歷了很多深刻的變化，我們的善與惡兩方面的本能，很大程度上仍然保持著我們祖先的大腦最初發展成它們現在大小時的那個樣子。我並不認爲各種原始衝動和文明的生活方式是不可調和的，人類學家的研究已經表明，人類的本性對各種不同的文化模式都具有非常廣泛的適應性。但我並不認爲，這種適應性能夠透過完全排除一切基本的衝動來實現。一種缺乏冒險的生活可能並不讓人滿意，但是一種允許採取任何冒險形式的生活卻註定是短命的。

我認爲，這一問題的本質大概已經由那個印第安人[5]（我不久前引用過他的話）指出了，他惋惜過去的生活，因爲「那裡面有光榮」。每一個有活力的人都嚮往某種能算作「光榮」的事物。有些人得到了它——電影明星、著名運動員、軍事指揮官乃至少數政治家，但是他們只是很少的一部分人，而其他人則只不過是在做白日夢——電影的白日夢、狂野西部冒險故事的白日夢、純粹個人對假想權力的白日夢。我並不是認爲白日夢完全有害的那種人；白日夢是充滿想像的生活不可缺少的一部分。但是如果在漫長的一生中，根本不存在把它們與現實連繫起來的手段的話，它們將肯定會變得有害，並且甚至危及心智的健全。即使在我們這個機械呆板的世界裡，要爲今天被限制在幻想領域裡的各種衝動找到某種現實的出路，也許仍然是可能

---

5 原文為 the Red Indian，即指印第安人，帶有貶義。——譯注

的。出於穩定的考慮，我衷心希望這是可能的，因爲否則的話，破壞哲學將會不時掃蕩各種最優秀的人類成就。要想避免這種狀況，我們每個人身上的野性就必須找到某種同文明生活以及其他同樣野蠻的鄰人的幸福不相衝突的發洩出口。

第二講　社會凝聚力與政府

最初的社會凝聚機制，就像今天仍然可以在最原始的種族中發現的那樣，是透過個人心理來起作用的，而不需要什麼被稱作政府的東西。那時無疑存在著所有人都必須遵守的部落習俗，但是我們一定可以想像，那時並沒有任何違反這些習俗的衝動，也不需要治安官或者員警來強制實施它們。在舊石器時代，如果說到權威的話，部落似乎生活在一種我們現在將會描述爲無政府的狀態當中。但是它和現代社會中的無政府狀態是不同的，這是由於這樣一個事實，即當時社會性的衝動足以控制個人的行爲。新石器時代的人們已經完全不同了；他們有了政府，有了能強制人們服從的權威，也有了大規模的強迫性合作。這可以從他們的工程建設中得到證明；原始形態的小部落凝聚力不可能建成巨石陣[1]，更不用說金字塔了。社會單位的擴大想必主要是戰爭的結果。如果兩個部落間發生了滅絕性的戰爭，獲得了新領土的得勝部落便能增加它的人數。兩個或者更多部落的聯盟在戰爭中同樣具有明顯優勢。如果使聯盟產生的危險持續存在，聯盟最終將會合併。當一個社會單

1 巨石陣是英國南部索爾茲伯里附近的一組史前石群，其修建原因至今仍是一個謎。——譯注

位的規模過大，以至於它所有的成員無法互相了解時，就開始需要某種作出集體決策的機制了，並且這一機制將不可避免地逐步發展成現代人認為是政府的某種東西。一旦有了政府，一些人就比其他人有了更大的權力，而他們所擁有的權力，一般說來，取決於他們統治的社會單位的規模。權力欲由此將會使統治者們渴望征服。當被征服者不是被殺死而是被當作奴隸時，這一動機就會大大強化。由此，在很早的時候，社會就產生了，儘管在這些社會裡，社會合作的原始衝動仍然存在，但是它們卻由於政府懲罰那些不服從者的力量而大大加強了。在最早的完全有史可查的社會裡，比如古埃及，我們發現，除了來自祭司集團的某些限制以外，國王在其遼闊領土上的權力是絕對的，我們也可以發現數量龐大的奴隸，國王可以為了像金字塔這樣的國家事業而隨意役使他們。在這樣的社會裡，只有社會等級頂端的少數人——國王、貴族和祭司——需要社會凝聚的心理機制；所有其他人不過是服從罷了。大部分人無疑是不幸的；我們可以從《出埃及記》前幾章裡獲得對他們境況的描述。但是通常說來，只要沒有外敵為患，這種普遍的苦難狀況並不會妨礙國家繁榮，並且也不會損害掌權者的生活享受。在我們現在稱作中東的整個地區，這種狀況一定存在了很長時間。其穩定取決於宗教和君主的神性。不服從是不虔敬的，造反則可能招致神的怒火。只要社會上層眞誠地相信這一點，其他人將只能像我們今天調教家畜那樣被調教。

令人感到難以理解的是，軍事征服常常會在被征服者中產生出一種對征服者的眞誠效忠。這種情況在羅馬大部分的征服中最終都發生了。五世紀，當羅馬已經無法繼續強迫人們服從的時候，高盧人對帝國仍然保持著完全的效忠。所有古代國家都把它們的存在歸功於軍事力量，但是如果它們的存續足夠長久的話，它們中的大多數將會產生出一種整體的凝聚意識，儘管在它們合併之際，很多地方仍然會發生暴力反抗。隨著現代國家在中世紀的發展，同樣的情況再次出現了。英國、法國和西班牙都是作爲統治者軍事勝利的結果而獲得統一的，而這個統治者起初所統治的，只是這些單一國家的一部分。

古代所有大國，除了埃及以外，很大程度上都是由於技術方面的原因而遭受不穩定之苦。當沒有什麼比馬兒跑得更快的時候，中央政府很難有力地控制邊遠地區的屬官或者地方總督，這些屬官和地方總督往往容易反叛，有時能成功地征服整個帝國，有時則作爲帝國的一部分自立爲王。亞歷山大、阿提拉[2]和成吉思汗都曾擁有龐大的帝國，但是當他們去世的時候，帝國也就分崩離析了，在這些帝國裡，統一完全取決於一位偉大征服者的威望。這些形形色色的帝國不存在心理上的統一，而只是武力的統一。羅馬就好得多，因爲希臘羅馬文化是有教養的個人所珍視的，它和帝國邊界外那些部落的野蠻主義形成了鮮明對比。在現代技術發明以前，要把一個大帝國團結在一起幾乎是不可能的，除非帝國全境的社會上層都有了他們由以團結在一起的共同情感。產生出這種共同情感的方式在那時很少像它們今天這樣爲人所了解。因此，社會凝聚的心理基礎仍然是重要的，儘管只是在統治的少數人當中才需要它。在古代社會裡，規模大的主要好處是可以擁有龐大的軍隊，但是這種好處卻被它不利的一面抵消了，因爲把軍隊從帝國一處調往另一處

2 阿提拉（四〇六—四五三），匈奴人之王。——譯注

需要花很長時間，而文職政府也沒能找到各種防止軍事叛亂的辦法。在某種程度上，此種狀況一直持續到近代。英國、西班牙和葡萄牙主要就是因爲缺乏機動性而失去了西半球的領地。但是自從出現了輪船和電報，控制一大片領地就變得比原來要容易得多，自從普及性的教育出現以後，在大量的人口中灌輸一種多少有些人爲的忠誠也變得更容易了。

現代技術不僅促進了大的群體中的凝聚心理，它也從經濟和軍事方面使大的群體變得勢在必行。大規模生產的種種好處已經是老生常談，對此我不打算展開來說。眾所周知，人們曾極力主張把它們作爲西歐國家加強進一步聯合的理由。尼羅河從很早的時候起就促進了整個埃及的凝聚，因爲政府只要控制尼羅河上游，就可以破壞下埃及的土壤肥力。這裡不牽扯任何先進的技術，但是田納西河流域管理局和已被提議的聖羅倫斯河通航水路則是相同的河流凝聚效果在科學方面的延伸。向廣大地區輸送電力的中心電站已經變得越來越重要，並且地域大的時候要比地域小的時候更加有利可圖。如果大規模使用原子能變得可行的話（這並不是不可能的），將極大增加輸送能量可獲利的區域範圍。所有這些現代進步都增加了大型組織的統治者對個人生活的控制，與此同時，也使一些大型組織比很多小的組織更有生產力。如果不是整個地球的空間限制，在經濟組織和政治組織裡，規模所帶來的種種好處是沒有明顯極限的。

我現在從另一個角度，對上述的政府發展做一個粗略考察。在歷史上，政府對社會成員生活的控制是不同的，這不僅體現在政府管轄的範圍方面，也體現在它對個人生活干預的強度方面。所謂的文明開始於那些典型的帝國，這些帝國中又以埃及、巴比倫和尼尼微最有名；阿茲特克和印加帝國基本上也屬於同一類型。在這些帝國裡，上層等級首先有了相當程度的個人主動性，而在對外征服過程中所獲得的大量奴隸人口卻完全沒有。祭司階層可以在很大程度上干預日常生活。在那些與宗教無關的地方，國王具有絕對的權力，並且能強迫他的臣民爲他而戰。國王的神性以及對祭司階層的崇敬導致了一個穩定的社會——就埃及的情況來說，它是我們所知道的最穩定的社會。這種穩定是以僵化爲代價的。這些古老的帝國開始變得刻板，以至於它們不再能夠抵抗外來的侵略；它們被波斯併吞，而波斯最終也被希臘人打敗。

希臘人完善了腓尼基人開創的一種新型文明，即以貿易和海上力量爲基礎的城邦文明。就公民被允許的個人自由度而言，希臘各城邦是非常不同的；在大多數城邦裡，公民都有廣泛的自由，但在斯巴達，自由則是絕對地少之又少。然而，大多數城邦往往都落入僭主的支配，並且在相當長的時期裡，都存在著一個要由革命加以調節的專制政體。在城邦裡，革命是不費力氣的。反叛者只要跋涉數英里，就可以逃出他們想反叛的政府管轄的區域，而且總是會有一些敵對的城邦樂於幫助他們。在偉大的希臘時代，始終存在著一定程度的無政府狀態，就現代觀念來說，這種狀態似乎是不可容忍的。但是希臘城邦的公民們，即使是那些反叛現行政府的人，都保持著一種原始的忠誠心理；他們由衷地熱愛自己的城邦，儘管往往缺乏審慎，卻幾乎總是充滿熱情。我認爲，希臘人在個人成就上的偉大是和他們在政治上的無能（political incompetence）緊密相連的，因爲個人激情的力量既是個人成就的根源，也是希臘無法保證團結的根源。希臘因此先是陷於馬其頓，然後又陷於羅馬的統治之下。

羅馬帝國在它的擴張過程中，在各行省留下了很大程度的個人和地方自治，但是在奧古斯都執政後，政府實行了越來越強的控制，最終，主要是由於嚴苛的稅收，導致了整個體制在羅馬帝國大部分地區的崩潰。然而，在殘留下來的那些地方，控制並沒有放鬆。正是由於對嚴密控制的反對，而不是其他原因，使得查士丁尼對義大利和非洲的再次征服都非常短暫。因爲那些開始把他的軍團當作使他們擺脫哥德人和汪達爾人[3]的救星來歡迎的人們，在看到這些軍團後面還跟著一支徵稅大軍時，便改變了他們的主意。

羅馬統一文明世界的企圖遭到失敗，很大程度上也許是因爲羅馬和文明世界的連繫既疏遠（remote）而又格格不入（alien），它甚至沒有給那些富足的公民帶來任何滿足其天性的幸福。在它最後的幾百年裡，悲觀主義盛

3 哥德人和汪達爾人是在西元初幾個世紀裡侵犯羅馬帝國的日耳曼部落。——譯注

行，活力匱乏。人們感到，現世的生活幾乎提供不了什麼，這種情緒促使基督教將人們的關切集中於來世。

隨著羅馬的衰落，西方經歷了一次非常全面的變革。貿易幾乎停頓，著名的羅馬道路年久失修，小國君主們彼此間戰火不斷，他們竭盡全力管理著狹小的領地，並且不得不同時面對著動盪的日耳曼貴族統治帶來的政治混亂以及古老的羅馬化了的居民慍怒的反感。大規模的奴隸制在整個西方基督教世界幾乎消失了，取而代之的是農奴制。人們不再用龐大的船隊把糧食從非洲運到羅馬，和外界幾乎沒有連繫的小的共同體努力依靠它們土地的生產維持生計。生活艱難而又困苦，但是卻不再有羅馬社會末期那種令人感到厭倦和無望的品性。在整個黑暗時代和中世紀，目無法紀的狀況盛行，結果所有有思想的人都崇尚法律。漸漸地，目無法紀的狀況所帶來的活力恢復成一定的秩序，並使一批偉人能夠創立一種新的文明。

從十五世紀至今，國家針對個人的權力一直在持續增長，這首先主要是火藥發明的結果。就像在早期無政府狀態的日子裡，大多數有思想的人崇尚法律那樣，在國家權力日益增長的時期，存在著不斷增長的崇尚自由的趨勢。十八世紀和十九世紀，強化對維持秩序所必不可少的國家權力方面取得了顯著成效，儘管如此，也仍然給那些並不屬於社會最底層的公民留下了很大程度的自由。然而，爭取自由的衝動今天在改革者當中似乎已大大減弱；它已經被對平等的熱愛所取代，這主要是由沒有任何傳統優勢的新工業資本家的財富和權力的增長所激發的。而隨時可能爆發全面戰爭的狀態則已經使幾乎每個人都相信，一種比曾經使我們的父輩心滿意足的那種制度更牢固得多的社會制度是必不可少的。

在世界上大部分地區，似乎都存在著向古埃及神聖王權體制（它受一個新祭司階層的控制）的回歸。儘管這種趨勢在西方不像在東方那麼極端，然而若是十八世紀和十九世紀的英國和美國人看到了，也會大驚失色。個人主動性被國家或者強大公司限制了，因此就有了一種巨大的危險，即這種狀況會像在古羅馬一樣，產生出一種倦怠感和宿命論，而這對充滿活力的生活是災難性的。我不斷收到一些來信，信裡說：「我認爲世界正處於一種糟糕的狀態當中，但是一個卑微的個人又能做些什麼呢？生命和財產都在少數人的控制之下，他們才能決定是戰還是和。所有大規模的經濟活動也都被那些控制著國家或者大公司的人所左右。即使在名義上享有民主的地方，一個公民在左右政策方面所能發揮的作用也通常是微乎其微的。在這種狀況下，忘掉公共事務，並盡可能透過時代所允許的方式來行樂，難道不是更好嗎？」我覺得這些信很難回，並且我確信，使人們寫這些信的那種思想狀況對健康的社會生活是非常有害的。作爲純粹規模方面的一個結果，政府變得越來越遠離被統治者，並且傾向於——甚至在一個民主國家中——擁有它自己的獨立生命。我並不自稱知道如何澈底消除這一弊端，但是我認爲，認識到它的存在，並找到各種減輕其危害程度的辦法，是重要的。

社會凝聚的本能機制，即對一個其成員都彼此熟知的小部落的忠誠，和對一個巨大國家的忠誠確實相去甚遠，在現代世界裡，後者已經取代前者，而且即使是那些殘存的較原始的忠誠，也可能會在一個應當前危險所需而建立的新的世界組織中消失。一個英格蘭人或者一個蘇格蘭人能感受到對英國的本能忠誠：他可能知道莎士比亞對此說過什麼；他知道這是一個具有完全天然邊界的島嶼；他了解英國歷史，不管怎樣知道它是光榮的，並且他知道歐洲大陸上的人說著不同的語言。但是如果想要用對西方聯盟的忠誠來取代對英國的忠誠的話，那麼就需要某種超越國家邊界的統一的西方文化意識；因爲除此以外，只有一種心理動機適於這一目的，即對外敵的恐懼。但恐懼是一種消極動機，勝利的時候就不再起作用。如果把它和希臘人對本邦的愛相比，顯而易見的是，當不存在直接而緊迫的危險時，那種僅僅以恐懼爲基礎的忠誠對普通男女的本能和激情的影響是多麼微乎其微。

政府，從它存在的最早時代起就一直有兩種職能，一種是消極的，另一種是積極的。政府的消極職能在於防止私人暴力，保護生命財產，制定刑法並保障其實施。但是除此以外，它還一直具有一種積極目的，即促使對大多數公民而言的共同願望的實現。在大多數時候，政府的積極職能主要限於進行戰爭：如果能征服敵人並獲得其領土，戰勝國的每個人都會多多少少獲利。但是今天政府的積極職能已經大大擴展了。首先是教育，不僅包括取得學術成就，也包括灌輸特定的忠誠和信仰。這些是國家認爲值得做的事情，或者退一步說，在有些情形下是被某個宗教團體所要求做的事情。其次是對大型工業企業的控制。即使在試圖最大程度限制國家經濟活動的美國，政府對這些企業的控制也在迅速增長。至於工業企業，從心理學的觀點來看，在國家管理的企業和大型私營公司管理的企業之間並沒有什麼不同。在任何一種情況下，都有一個管理機構，這一機構實際上，如果不是有意的話，都遠離它所控制的那些人。只有管理機構（無論是國家管理機構還是大型企業的管理機構）的成員才能保持個人的積極主動權，而且對管理機構來說，都不可避免地存在一種趨勢，即或多或少都會像看待它們的機器那樣來看待爲它們工作的人，也就是說，僅僅看成一種必要的手段。順利合作的願望不斷傾向於擴大單位的規模，並藉此使那些仍然具有主動性的人數減少。從我們現在的觀點來看，最糟的莫過於一種已經廣泛存在於英國各領域的體制，在這種體制下，那些具有名義上的積極性的人永遠被文官體制（這種體制有的只是否決之權而非開創之責，並以此養成了一種永遠傾向於去禁止的消極心理）控制了。在這樣一種體制下，有能力的人變得絕望，在一個更有希望的環境中本該充滿活力的人變得倦怠和輕浮，因此國家的積極職能也就不可能活躍而高效地實現。實用昆蟲學也許會帶來比現在更大的利潤，但這需要給大量昆蟲學家配發薪水，而目前的政府卻認爲，像僱用昆蟲學家這樣有膽識的政策只能小心地使用。不用說，這是那些人的觀點，他們養成了一種我們在不明智的父母身上可以看到的習慣——這些父母總是說「不要那麼做」，卻不會停下來考慮一下「那麼做」是否會有什麼傷害。在存在著間接控制的地方，這樣的不幸是很難避免的，而在所有大型組織中，則很可能有大量的間接控制。

在稍後一講裡，我將考慮，要緩解這些不幸而又不喪失大規模組織不容置疑的優勢，我們能做些什麼。確實，目前權力集中的趨勢太強烈了，以至於除非它造成災難，才會遭到抵抗，而且就像五世紀所發生的那樣，在人類能夠重獲一定程度的個人自由（沒有這種程度的自由，生活將失去滋味）以前，整個體制必定會崩潰，並將伴隨著無政府狀態和貧困等所有不可避免的後果。我希望這不會變成現實，但是如果人們沒有意識到這種危險，並且不採取有力措施與之抗衡的話，這無疑會變成現實。

上面簡單描述了社會凝聚力在各個歷史時代所發生的變化，從中我們可以觀察到一種雙重運動。

一方面，存在著一種週期性的發展，即從鬆散而原始的組織類型到逐漸更有序的政府（它擁有更廣闊的領土，並且對個人生活的更多方面加以規範）的發展。在這一發展過程的特定時刻，當財富和安全近來有了巨大增長而較原始時代的活力和進取心又沒有衰退之時，便往往在推進文明發展方面取得巨大成就。但是當新的文明已經定型，當政府已經有機會鞏固自己的權力，當習俗、傳統和法律已經建立起細緻得足以澆息進取心的規則之時，社會就進入了一個停滯階段。人們讚美前輩的功績，卻再也比不上他們；藝術變得因襲，科學也因爲對權威的尊崇而被斷送。

與僵化相伴隨的這種發展類型，在中國和印度，在美索不達米亞和埃及，以及在希臘羅馬世界裡都可以看到。它們通常都是以外來征服作爲結局：對於和原有敵人的戰鬥，人們有老練的準則，可是當新的敵人產生時，老邁的社會已經不能相應地採用新的、唯此才能帶來安全的準則了。就像常常發生的那樣，如果征服者還沒有比被征服者文明的話，他們很可能不具備管理一個龐大帝國或者在遼闊的領域裡維持貿易的才能。結果，人口減少了，政府部門的規模縮減了，政府控制的強度也降低了。慢慢地，在一個新的、或多或少無政府的狀態中，活力重新出現，一個新的循環開始了。

但是除了這種週期性運動之外，還有另一種運動。在每一次循環的高峰，一個國家統治的區域比以往任何時候都要大，當局對個人實施控制的程度也高於先前任何一個最高點。羅馬帝國比巴比倫和埃及帝國大，今天的各個帝國比羅馬帝國更大。在過去的歷史上，從來沒有一個大國能像蘇聯或者甚至像西歐各國那樣，完全控制它的公民。

既然地球的大小是有限的，如果不加制約的話，這種趨勢最終必定會產生出一個單一世界國家。但是由於那時不會有對外敵的恐懼來增進凝聚力，這種古老的心理機制將不再適用。在世界政府的各種事務裡，將不再有愛國主義的空間；沒有憎恨和恐懼這些強大的動機，人們不得不在自利和善行中去尋找動力。這樣的一個社會能持續下去嗎？如果能持續下去的話，它能發展嗎？這些都是很難回答的問題。要回答它們，就必須記住一些要考慮的因素，我將在接下來的幾講裡指出這些因素。

我已經談到了過去歷史上的雙重運動，但是我並不認爲，我們所能發現的這些歷史發展規律是確定的或者必然的。新知識可能會使事物的發展進程完全不同於它本來的樣子，這就像，比方說，發現美洲所帶來的結果那樣。新制度也可能產生各種無法預見的結果：我認爲，尤利烏斯・凱撒時代的羅馬人根本不可能預見到天主教會這樣的事情。十九世紀，也沒有誰，甚至包括馬克思，預見到了蘇聯的出現。基於這些理由，所有關於人類未來的預言都只能被看作是值得考慮的假說。

我認爲，雖然所有確定的預言都是輕率的，但記住還存在某些未必受歡迎的可能性則是明智的。一方面，長期的破壞性戰爭可能導致所有文明國家的產業崩潰，並造成一種小範圍的無政府狀態，就像羅馬陷落後西歐流行的那種狀況。這也將伴隨著人口的急劇縮減，以及至少在一段時間裡，我們認爲代表了文明生活方式的許多活動的中止。但似乎有理由期待，就像中世紀所發生的那樣，最起碼的社會凝聚力終將恢復，失去的基礎也將會慢慢重新獲得。

但是，還有另一種危險，這種危險更可能出現。現代技術已經使增強政府控制的強度成爲可能，在極權主義國家裡，這種可能已經被非常充分地利用了。在戰爭的壓力下，或者在戰爭的恐懼下，或者作爲極權主義征服的結果，世界上某種程度的個人自由能倖存下來的地方可能會越來越少，而且即使在那些地方，自由也會越來越多地受到限制。沒有多少理由認爲由此產生的體制會不穩定，但它幾乎肯定是呆滯和失去進步動力的。並且，它將會使古代的種種惡行復發：奴隸制、偏執、不寬容以及大多數人可憐的悲慘境遇。在我看來，這是一種不幸，提防這種不幸對我們具有極端的重要性。由於這一原因，眼下強調個人價值甚至比過去任何時候都更加必要。

防止另一種謬誤也很重要。我認爲，正如我一直在論證的，固然千百年來，人性中與生俱來的那些東西也許並沒有什麼改變，但是與生俱來的東西只是現代人精神結構的一小部分。我不希望什麼人從我說的話裡得出這樣的推論：在一個沒有戰爭的世界裡將不可避免地會有本能的挫折感。瑞典從一八一四年起，也就是說，在大約四代人的時光，就一直沒有戰爭，但是我想，沒有誰可以斷言說，沒有了戰爭，瑞典人在他們本能的生活中就遭受了痛苦。即使人類成功地消除了戰爭，爲滿足冒險的愛好而尋找到其他發洩出口也並不困難。一度服務於生物學目的的一些原有的出口不再起作用了，由此新的出口也就必不可少。但是人性中並沒有什麼東西迫使我們服從持續的暴行。我們各種較爲無序的衝動只有在被拒絕或者在被誤解的時候，才是危險的。如果我們能夠避免這種錯誤，使它們適應一個良好社會體制的問題就可以藉助於才智和善意來解決。

第三講　個性的作用

在這一講裡，我打算考慮社會中某些成員而非全體成員所具有的衝動以及欲望的重要性，既包括好的一面也包括壞的一面。在一個非常原始的社會裡，這些衝動和欲望很少發揮作用。在狩獵和戰爭這些活動中，一個人可能比另一個人更成功，但是在這些活動中，所有人都有一個共同目的。只要一個人的自發行為是整個部落贊同且共有的，其主動性就很少會受到部落裡其他人的限制，甚至他最自發的行為也和公認的行為模式相符合。但是隨著人類變得更文明，一個人的行為和另一個人的行為開始有了越來越多的差異，一個社會如果要繁榮的話，它就需要一定數量的、並不完全和一般類型相符合的個人。實際上，所有的進步，藝術上的、道德上的和思想上的，都取決於這些個體，他們一直是人類從野蠻狀態向文明狀態轉變的一個決定因素。社會要進步，就需要一些不同尋常的個人，他們的行為雖然有益，卻並不是應當普遍化的那種。在高度組織化的社會裡，對這些個體的行為，始終有一種過度限制的趨勢，但是另一方面，如果社會完全不加控制的話，產生出一個有價值的創新者的同一種個人主動性，卻也可能產生出一個罪犯。這一問題，像我們關心的所有問題一樣，是個平衡問題；自由過少帶來停滯，過多則導致混亂。

一個個體可以有很多方面不同於他所在群體的其他大多數成員。他可能特別目無法紀或者犯有罪行，他可能具有罕見的藝術天賦，他可能具有終將會被確認爲是宗教和道德方面新智慧的某種東西，他也可能具有非凡的智力。在人類歷史上，從很早的時候起，看來就必定存在某種職能劃分了。庇里牛斯山洞穴裡由舊石器時代人所創作的岩畫已經具有非常高的藝術價值，我們幾乎無法想像，那個時代的所有人都能勝任這項令人讚賞的工作。似乎更可能的是，當部落其他成員外出狩獵時，那些被發現具有藝術天賦的人有時則被允許留在家裡作畫。從很早的時候起，一定就已經開始根據眞實的或者想像的特殊才能來挑選酋長和祭司了：巫醫會作法，部落精神在某種程度上則體現於酋長身上。但是從最早的時候起就有一種趨勢，即每一種這樣的行爲都會變得制度化。酋長變得世襲，巫醫成了一個獨立等級，而大家公認的詩人則成了我們的桂冠詩人[1]的原型。要認可我所提到的那些將做出非凡貢獻的個人所必須具備的東西——也就是說，那些野性的因素，獨立於群體的因素，由罕見的衝動所支配的因素（這些因素所具有的功用對每個人來說，並不總是顯而易見的）——始終是困難的。

在這一講裡，我想從歷史和現實兩個方面來考察這種特殊的人與社會的關係，以及使他們這些難得的優點更易於產生社會效益的條件。我將首先在藝術領域，然後在宗教和道德領域，以及最後在科學領域來考察這一問題。

我們今天的藝術家在公共生活中並不像他們在很多年前那樣扮演著非常重要的角色。在我們的時代，人們往往鄙視宮廷詩人，認爲詩人就應當是孤

注

1 桂冠詩人是由英國國王或女王授予的優秀詩人稱號，獲得該稱號的詩人成為拿薪俸的英國王室成員。桂冠詩人這一稱號源自古希臘羅馬時代用月桂枝葉編成冠冕授予競賽優勝者的傳統。——譯注

獨的人，說的是市儈庸人們不想聽的一些東西。歷史上，情況則大不相同；荷馬、維吉爾和莎士比亞都是宮廷詩人，他們吟誦著自己部族及其高貴傳統的輝煌（至於莎士比亞，我必須承認，這只在部分程度上是正確的，但是這對他的歷史劇無疑是適用的）。威爾斯的吟遊詩人使亞瑟王的光榮流傳下來，這些光榮繼而又爲英國和法國的作家所稱頌；亨利二世國王則出於帝制的考慮鼓勵他們。帕德嫩神廟與中世紀大教堂的輝煌和公共目的緊密相關。音樂儘管常常在宮廷生活中發揮作用，它的存在卻主要是爲了激發戰爭中的勇氣——在柏拉圖看來，這一目的應當由法律加以規定。但是除了蘇格蘭高地軍團的風笛手之外，藝術家的這些古老的輝煌很少留存至今。我們仍然尊重藝術家，但是我們卻把他們隔離開來；我們認爲藝術是某種獨立的事情，而不是社會生活不可分割的一部分。只有建築師，因爲他的技藝服務於功利目的，因而還保留著幾分古代藝術家的那種地位。

藝術在我們時代的衰落，並不僅僅是由於藝術家的社會功能已經不像從前那樣重要，而且也同樣由於自發的喜悅已不再被認爲是某種應該能讓人享受的東西。在比較淳樸的人們當中，民間舞蹈和大眾音樂仍然流行，很多人身上也多少有一些詩人氣質。但是隨著人們變得越來越工業化和組織化，孩子當中普遍存在的那種喜悅對成年人來說變得不可能了，因爲他們總是想著下一件事情而無法讓自己沉浸於此刻。對任何一種審美價值來說，這種想著「下一件事情」的習慣比任何其他能想到的思考習慣都更要命，在所有重要的意義上，如果藝術要生存下去，它就不能透過建立各種莊嚴的學院，而是要透過重新獲得那種已經差不多被謹小慎微和深謀遠慮毀掉的全身心的悲喜能力來實現。

傳統上被認爲是人類中最偉大的人，往往都是宗教和道德的革新者。儘管後世向他們致以敬意，但是在有生之年，他們大多數人或多或少都和自己的社會處於衝突之中。道德的進步，主要是由對各種殘酷習俗的抗議以及擴展人類同情心範圍的努力構成的。在整個歷史時代早期，人祭風俗在希臘人當中就已經消失了。斯多噶派[2]教導說，不僅對自由的希臘人，而且對野蠻人和奴隸，以及實際上對所有人類都應該有同情心。佛教和基督教則把一種相近的學說廣爲傳播。宗教（最初是部落凝聚機制的組成部分，它像促進內部合作那樣促進了外部衝突）呈現出一種更普遍的特性，並力圖超越原始道德已經設定的那些狹隘界限。宗教革新者在他們自己的時代如果遭人咒罵，這是毫不奇怪的，因爲他們試圖剝奪人們的戰爭快樂以及殘忍的復仇嗜好。原始的殘忍性曾經似乎是一種美德，現在則被說成是一種惡，並由此在道德和衝動的生活之間——或者不如說，在那些具有強烈人道衝動的人所教導的道德和那些對他們群體之外的人沒有絲毫憐憫的人所偏好的傳統道德之間——引入了一種深刻的兩重性。

宗教和道德的革新者對人類生活有著巨大影響，不過必須承認，這並不

2 古希臘羅馬時期哲學派別，因講學場所在「斯多亞」（stoa，意為「柱廊」）而得名，主張按照自然本性生活。——譯注

總是他們想要的結果，但是無論如何，總的說來，他們產生的是非常有益的影響。的確，在本世紀，我們已經看到，在世界一些重要地方，我們曾認爲相當穩固的一些道德價值已經喪失了，但我們可以預期這種倒退不會持續下去。我們把逐漸出現的對奴隸制的厭惡、對戰俘的責任感、對父權和夫權的限制以及認識到（無論這種認識多麼不完善）臣服的種族不應僅僅爲了其征服者的利益而被剝削，都歸功於道德的革新者，是他們首先嘗試將道德變成一種普遍的，而不僅僅是部落層面的事情。必須承認，由於原始殘忍性的復發，所有的這些道德成果一直處於危險之中，但是我並不認爲，它們所代表的道德進步最終會被人類喪失掉。

開創這種道德進步的先知和聖賢，在他們所處的時代多半不會受到尊敬，但是儘管如此，他們的工作卻也不會被禁止。在現代極權主義國家裡，情況卻要比蘇格拉底時代或者福音書時代糟得多。在一個現代極權主義國家裡，一個其觀點不爲政府喜歡的革新者，不單單會被處死（對此，一個勇敢的人可能會置之度外），而且他的學說也會完全被禁止爲人所知。在這樣的社會裡，革新只能來自於政府，而今天的政府和過去的政府一樣，不可能會贊同任何有悖於其自身直接利益的事情。在極權主義國家裡，像佛教或基督教興起這樣的事情幾乎是不可能的，而且即便以最偉大的英雄氣概，一個道德改革者也不會產生任何影響。這是人類歷史上一個新的事實，這一事實是由對個人極度增長的控制造成的，現代管理技術已經使這種控制成為了可能。這是一個非常嚴峻的事實，它表明極權主義體制對每一種道德進步都必然有多麼致命。

在我們的時代，一個擁有非凡能力的個人如果獻身於藝術或者獻身於宗教與道德改革，幾乎不可能指望擁有像以前那樣偉大的職業，或者獲得像以前那樣巨大的社會影響。但是仍然有四種職業對他是開放的；他可以成為一個偉大的政治領袖，就像列寧；他可以獲得巨大的工業權力，像洛克菲勒[3]；他可以透過科學發現來改變世界，就像原子物理學家們所做的那樣；

3　洛克菲勒（一八三九—一九三七），美國石油大王。——譯注

或者，最後，如果他沒有這些職業所要求的必備能力，或者如果缺乏機遇，他的能量會因爲沒有其他出路而驅使他走上犯罪生涯。在法律的意義上，罪犯對歷史進程幾乎沒有什麼影響，因此一個野心勃勃的人將會選擇其他職業，如果這種職業對他開放的話。

科學人士在國家中的地位逐漸上升，變得卓越而顯赫，是一種現代現象。過去，像其他革新者一樣，科學家也不得不爲得到認可而抗爭：一些人被流放；一些人被燒死；一些人被打入地牢；還有一些人則只是被燒掉了著作。但是慢慢地，人們認識到，他們能給國家帶來力量。法國的革命者在錯誤地將拉瓦錫[4]送上斷頭臺之後，又僱用了他那些倖存的同事來製造炸藥。在現代戰爭中，所有文明政府都承認科學家是最有用的公民，如果他們能被馴服和勸誘，進而聽任個別政府而不是整個人類支配的話。

4 拉瓦錫（一七四三—一七九四），法國化學家，被認為是現代化學的奠基人。——譯注

從好壞兩個方面來看，使我們的時代區別於以前時代的幾乎一切事情都應歸於科學。在日常生活中，我們有了電燈、廣播和電影。在工業上，我們採用了應歸於科學的機械和動力。由於勞動生產力的增長，我們已經能把比以前多得多的能量用於戰爭或者戰備，並且我們也能使年輕人比我們以前在學校裡待上更長的時間。由於科學，我們能夠透過報紙和廣播把資訊或者訛誤傳遞給幾乎每個人。由於科學，我們能夠讓政府不喜歡的人要想逃走比以前難上加難。我們全部的日常生活和我們的社會組織變成現在這個樣子都是由於科學。今天，這種巨大的發展完全由國家來支撐，但是最初它卻是在對國家的反抗中發展起來的，在國家已經回復到一種較早模式的地方，比方說在俄國，如果國家不能夠無所不能到一種以前的暴君做夢也想不到的程度的話，這種古老的反抗就會重新出現。

過去人們反對科學一點也不讓人奇怪。科學人士所堅稱的事情和每個人所相信的事情恰恰相反；他們顛覆了各種成見，並被人們認為是大不敬的。

阿那克薩哥拉[5]教導說，太陽是一塊熾熱的石頭，而月亮是由土構成的。由於這種不虔敬，他被趕出了雅典，因爲太陽是一位男神而月亮是一位女神，這難道不是眾所周知的事情嗎？只是由於科學能夠對各種自然力施加支配力量，才一點一點導致了對科學家的寬容，但即便這，也是一個非常緩慢的過程，因爲他們的支配力量最初被歸於巫術。

今天，原子彈以及細菌生物戰正在給人類生活帶來種種危險，如果因此而興起一場強大的反科學運動，這並不令人驚奇。但是無論人們對這些恐怖的事情會有怎樣的感受，只要戰爭完全是可能的，他們就不敢轉而與科學人士作對，因爲如果一方被科學家武裝起來而另一方卻沒有的話，科學一方幾乎肯定會獲勝。

科學，就它由知識組成這一點來說，必然會被認爲包含了價值，而就它

5　阿那克薩哥拉（約前五〇〇—約前四二八），古希臘自然哲學家。——譯注

由技術組成這一點來說，它應該被讚頌還是應該被譴責的問題則取決於技術的運用了。它本身是中立的，既不好也不壞，至於是什麼賦予了它這樣或那樣的價值，我們就此所具有的任何終極觀念都必然來自於某種其他的根源，而不是來自於科學。

儘管科學人士對現代生活有著深遠的影響，但是在某些方面他們卻不如政治家強大。我們今天的政治家，比他們在人類歷史上任何先前時代都有著更大的影響。他們與科學人士的關係，就像《天方夜譚》裡的魔法師和服從魔法師命令的神靈。神靈能做各種讓人驚駭的事情，沒有他的幫助，魔法師是做不了這些事情的，但是神靈做這些事情僅僅是因爲他被命令這樣做，而不是由於他自身的任何衝動。我們今天的原子科學家也是如此；某個政府在他們家裡或者在公海上俘虜了他們，他們就根據被俘時的運氣開始工作，爲一方或者另一方賣命。政治家在他成功的時候則不必受這種壓制。我們時代最令人吃驚的是列寧的生涯。在他的兄弟被沙皇政府處死後，他經歷了數年的貧困和流放，隨後在幾個月裡起義，並掌控了世界上最偉大的國家之一。

這種掌控不像薛西斯或者凱撒那樣，僅僅是享受奢華和諂媚的權力（沒有他，其他人是會這樣享受的）。這是一種根據他自己腦海裡構想的模式來締造一個遼闊國家的權力，一種改變每個工人、農民和中產者生活的權力，一種引進一個全新組織，成爲世界上一種新的秩序象徵的權力，一些人欽佩這種權力，很多人則咒罵這種權力，卻沒有誰可以無視它的存在。沒有什麼比這種妄自尊大的夢想更加令人感到恐怖的了。拿破崙曾宣稱，你只要不是坐在刺刀上，就可以用刺刀來做任何事情（You can do everything with bayonets except sit upon them）；列寧則證明了這一例外是錯誤的。

歷史上那些傑出的偉大人物，一部分是人類的施惠者，一部分則恰恰相反。一些人，比如那些偉大的宗教和道德革新者，竭盡全力使人們不再那麼殘忍地彼此對待，也更加不吝惜自己的同情心；一些人，比如科學人士，則爲我們提供了關於自然進程的知識和理解，無論它怎樣可能被濫用，其本身都必須被看成一件了不起的事情。一些人，比如那些偉大的詩人、作曲家和畫家，把美麗和光彩帶給了世界，在令人氣餒的時刻，這些美麗和光彩使人類命運的景象變得能夠忍受。但是其他人，在他們的活動範圍內同樣有能力也同樣有效率，卻做了完全相反的事情。我想不出由於成吉思汗的存在人類得到了什麼。我不知道有什麼好事情是羅伯斯庇爾帶來的，對我而言，我也看不出有任何理由要感謝列寧。但是所有這些人，善的以及惡的，都有一種我不希望看到從這個世界上消失的特質——一種充滿活力和個人主動性，具有獨立頭腦並且富於想像力的特質。擁有這些特質的人能做很多好事情，也能造成巨大傷害，但是人類要想不陷入呆滯的境地，這些非凡的人就必須找到發揮能力的機會，儘管我們可能會希望，他們找到的機會對人類是有利的。一個大罪犯和一個大政治家在性情上的差別，有時並不如想像的那麼大。如果魔法師在威廉・基德船長[6]和亞歷山大大帝出生時將他們調換的話，他們也許仍然會完成實際上已經由另一個人完成的事業。同樣的說法

6　威廉・基德（一六四五？—一七〇一），英國商船船長，被僱用保護英國在印度洋的船隻，後成為海盜。他的故事具有傳奇色彩。——譯注

也適用於某些藝術家；貝溫努托．切利尼[7]的回憶錄並沒有描繪出一個對法律懷有敬意的人，而每一個有正義感的公民都應該懷有這種對法律的敬意。在現代世界裡，以及更進一步，在所能預測的不遠的未來世界裡，對個人來說，如果不能控制某個大型組織而想取得重要成就是並且將幾乎是不可能的。如果他能使自己成爲像列寧那樣的國家領袖，或者像洛克菲勒那樣的大工業壟斷者，或者像老摩根（皮爾蓬特．摩根）[8]那樣的信貸控制者，他就能在世界上產生巨大影響。作爲科學人士，如果他能使某個政府相信他的工作在戰爭中是有用的，那麼他也能產生巨大影響。但是如果一個人的工作沒有組織的說明，就像一位希伯來先知、一名詩人或者一個孤獨的哲學家（比方說斯賓諾莎[9]）那樣，那麼他就不能指望獲得這些人先前具有的那種重要性。這一變化既適用於這些人，也適用於科學家。過去的科學家在很大程度

7 貝溫努托·切利尼（一五〇〇－一五七一），義大利作家、雕塑家。──譯注

8 皮爾蓬特·摩根（一八三七－一九一三），美國金融家和工業組織家。──譯注

9 斯賓諾莎（一六三二－一六七七），荷蘭哲學家、神學家。──譯注

上是以個人身分展開工作的，但是我們今天的科學家卻需要極其昂貴的設備和一個配有許多助手的實驗室。所有這些，他都要透過政府的恩惠，或者，在美國，透過某個富翁的幫助來獲得。他由此不再是獨立的工作者，而在本質上成了某個大組織的重要組成部分。這種變化是非常不幸的[10]，因爲一個偉人在孤獨狀態下所能做的事情，往往要比他只能在權力的幫助下才能做的事情更有益處。一個希望影響人類事務的人會發現，成功是困難的，除非成爲一個奴隸或者一個暴君：作爲一名政治家，他可以使自己成爲國家領袖，或者作爲一名科學家，他可以向政府出賣他的勞動，但是在這種情況下，他必須服務於政府的目的，而不是他自己的目的。

這不僅適用於傑出和非凡的偉大人物，而且也適用於範圍廣泛的天分高的人。在有大詩人的時代裡，同樣有許多小詩人，而有大畫家的時代，也同

10 原文為：this change is very fortunate，為...unfortunate之誤，此處根據喬治・亞倫和安文出版有限公司一九四九年版更正。——譯注

樣有許多小畫家。許多偉大的德國作曲家出現在這樣的背景下，在那裡，人們珍視音樂，很多較遜色的人也能找到機會。在那些歲月裡，詩歌、繪畫和音樂是常人每天生活不可缺少的組成部分，就像今天只有在體育運動裡才有的那種情況。偉大的先知是從一大批二流預言家中脫穎而出的人。我們時代在這些方面的不足是這一事實的必然結果，即社會已經被集中化和組織化到了這樣一種程度，以至於個人主動性已被縮減到了最小值。從前，在那些藝術流行的地方，藝術通常是在小團體裡流行，這些小社會在它們的四鄰之間往往有很多競爭者，就好比希臘城邦、義大利文藝復興時期的小公國、德國十八世紀統治者的小宮廷的情形。這些小社會的統治者每個都必須有自己的樂師，偶爾，這個樂師會是約翰．塞巴斯蒂安．巴哈[11]，但即使不是巴哈，這個樂師也仍然能自由地盡情發揮。在這些事情上，根本原因在於存在著地方性競爭。這甚至在教堂的修建上也發揮了作用，因爲每個主教都希望比相鄰地區的主教有一個更好的教堂。如果各個城市的藝術能相互競爭，每個城

11 巴哈（一六八五—一七五〇），德國作曲家。——譯注

市都爲自己的藝術感到自豪，如果每個城市都有自己的音樂或者繪畫流派而且不會強烈蔑視相鄰城市的流派的話，這將是一件好事情。但是在一個由許多帝國構成，並且能自由遷徙的世界裡，這種地方性的愛國主義並不容易流行。一個曼徹斯特人並不容易像雅典人感受科林斯人，或者像佛羅倫斯人感受威尼斯人那樣去感受一個雪菲爾人。[12]但是，儘管有各種困難，我認爲，如果人類生活不想變得越來越單調和乏味的話，賦予地方以重要性這個問題就必須加以解決。

原始人，儘管只是一個小共同體的成員，卻過著這樣一種生活，在這種生活裡，他的主動性不會受到共同體過多的妨礙。他想做的事情（通常是狩獵和戰爭）同樣是他的鄰人想要做的，如果他想成爲一名巫醫，他只要去巴結某個已經在這個行當裡出了名的人，並由此在適當的時候繼承他的魔力就

12 曼徹斯特和雪菲爾是英國城市，佛羅倫斯和威尼斯是義大利城市，雅典和科林斯是古希臘城市。——譯注

可以了。如果他是一個有著非凡天分的人，他可能會對武器做出改進，或者發明新的狩獵技巧。這些並不會使他成為社會的對立面，相反，卻會使他受到歡迎。現代人過著一種完全不同的生活。如果他在街上唱歌，人們會以為他喝醉了，如果他在街上跳舞，警察會因為妨礙交通而找他的麻煩。除非他特別幸運，否則他在工作日裡會以一種完全單調的方式生產一些東西，這些東西並不是像阿基里斯[13]的盾牌那樣的美妙的藝術品，而主要是因為它有用才有價值。當他的工作結束時，他不能像米爾頓[14]的牧羊人一樣，「在溪谷的山楂樹下講述他的故事」[15]，因為在他的住處附近往往並沒有溪谷，或者即使有的話，也堆滿了垃圾。在我們高度規則化的生活方式中，他總是為次日的種種考慮所困擾。在《福音書》所有的訓導裡，基督徒最忽視的就是不

13 阿基里斯是荷馬史詩《伊里亞德》中的英雄，也譯為阿喀琉斯。——譯注

14 米爾頓（一六〇八－一六七四），英國詩人、學者。——譯注

15 出自約翰・米爾頓的《快樂頌》（*L'Allegro*）。——譯注

要爲明天憂慮這一戒條。[16]如果他是精明的，爲明天憂慮將使他積攢錢財；如果他並不精明，爲明天憂慮將使他擔心不能償還他的債務。在隨便哪種情況下，此刻都將失去它的滋味。每一件事情都組織化了，沒有什麼是自發的。納粹組織起了「快樂的力量」（Strength Through Joy），但是由政府指定的快樂大概並不多麼令人高興。在那些在其他方面具有可敬抱負的人中間，權力集中的結果是使他們捲入到與如此多對手的競爭當中，並屈從於某種過於整齊劃一的判斷標準。如果你想成爲畫家，你將不會滿足於與那些在你的城鎮裡，和你具有相同願望的人競爭；你會去大城市的某個畫派，在那裡你可能會得出結論，即你是平庸的，在得出這一結論後，你可能會如此沮喪，以至於很想扔掉你的畫筆去賺錢或者去買醉，因爲一定程度的自信對於

16 參見《聖經．馬太福音》，第六章第三十四節。原文是：所以不要為明天憂慮。因為明天自有明天的憂慮。一天的難處一天當就夠了。——譯注

成功是不可或缺的。在文藝復興時期的義大利，你也許想成爲西恩那城[17]裡最出色的畫家，這一地位曾經是非常光榮的。但是今天你卻不會滿足於在一座小城市裡接受自己所有的訓練並和鄰人競爭。我們知道得太多，卻體驗得太少。至少我們對一種美好生活所由以產生的那些創造性衝動體驗得太少。重要的原因在於我們是被動的；即使我們是主動的，我們也只是在瑣碎的事情上主動。要想把生活從只能由災難來緩解的無聊狀態中解救出來，就必須找到恢復個人主動性的手段，不僅在瑣碎的事情上，而且也在眞正重要的事情上。我並不是說，我們應該毀滅現代組織中大多數人所賴以生存的那些部分，但是我確實想說，組織一直是透過它令人難以忍受的迅速增長和權力集中而發展起來的，我們的思想情感方式已經無法與之齊頭並進，因此組織應該具有更大的靈活性，更多地透過地方自治來加以調劑，而且更少地透過它那非人的巨大規模來壓抑人的精神。

17 西恩那，義大利中西部城市，位於佛羅倫斯南部，十三—十四世紀以其在希耶納派藝術中的領導地位而聞名。——譯注

第四講　技術與人性的衝突

人類在很多方面和其他動物不同。其中之一是，他樂於從事那些本身未必令人愉快的事情，因爲這些事情是實現他想要達到的目的的手段。從生物學家的觀點來看，動物做各種事情（鳥兒築巢，河狸築壩）似乎都是爲了達到某個目的所作的努力。然而牠們做這些事情卻是出自本能，因爲牠們具有做這些事情的衝動，而不是因爲牠們認識到這些事情是有用的。牠們並不會透過意志來實現自我控制、來謹慎從事、來深謀遠慮或者抑制各種衝動。人類卻能做所有這些事情。當他們所做的事情超出了人性能夠容忍的範圍時，他們會受到心理上的懲罰。在文明的生活方式中，這種懲罰的一部分是不可避免的，但是大部分卻沒有必要，並且可以透過一種不同的社會組織形式來加以消除。

早期人類很少會有這種手段與衝動之間的衝突。狩獵、格鬥還有繁衍對生存和進化發展都是必需的，但這並不是早期人類從事這些活動的理由：他從事這些活動，是因爲它們給他帶來了快樂。最終，狩獵變成了閒適富人們的一種消遣，它已經失去了生物學意義上的作用，但仍然是令人愉快的。直接由衝動激發的那種原始格鬥，現在在中小學的男孩子中才允許，但格鬥的精神卻保留下來，並且如果不給它一個更好的出口的話，它將會在戰爭中找到它最重要的表現形式。

但是早期人類也不是完全沒有那些他們感到有用，而非由本能所激發的行爲。在人類進化的很早階段，石器製造就開始了，並由此開啓了通往我們現有的精細經濟體制的漫長發展過程。但是在早期石器時代，藝術創造的快樂和盼望能力增長的快樂本身很可能會被擴散到勞動的各個艱苦階段。當從手段到目的的旅途並不過於漫長，而且如果人們熱切地盼望著這一目的時，手段本身也就是令人愉快的。爲了下滑瞬間的無上快樂，一個男孩子會帶著平底雪橇吃力地爬上小山；沒有人強迫他這麼辛苦，儘管他氣喘吁吁，他仍然很高興。不過如果你以答應七十歲給他一筆養老金來取代這種能馬上兌現的酬勞，他的興致就會立刻消失得無影無蹤。

創造性的衝動可以激發出比那個帶著平底雪橇的男孩子更加長久的努

力，並且仍然能夠保持自發性。一個人如果熱切地盼望實現一個目的，而且勇於克服困難的話，他就可能歷經數年的艱難、險阻和貧困，試圖登上聖母峰或者抵達南極極點，又或者做出一項科學發現，而且始終像那個帶著雪橇的男孩子一樣，和他自己的各種衝動協調一致。就像那個印第安人所說，「那裡面有光榮」。

奴隸制的採用開始把工作的目的和勞動者的目的分離開來。金字塔是爲了法老的榮耀而修建的，從事修建工作的奴隸卻並不分享這一榮耀，他們只是出於對監工皮鞭的恐懼才去工作。當農業生產由奴隸或農奴進行之時，同樣沒有給從事這項工作的人帶來直接的滿足；他們的滿足只是活著以及（如果幸運的話）免受皮肉之苦。

在工業革命之前的近代時期，農奴數量的減少以及手工業的發展增加了那些身爲自己主宰的工人的數量，這些工人由此能夠在他們生產的產品中享有某種自豪感。正是這種情勢導致了由傑佛遜和法國大革命所鼓吹的民主，這種民主認爲存在著大量或多或少獨立的生產者，而他們和現代技術所創造的大型經濟組織是相對立的。

設想一個大工廠，比如說一個汽車製造廠，這個組織的目的是製造汽車，但是工人的目的卻是賺取工資。從主觀方面來說，並沒有什麼**共同的**目的。一致的目的只是在工廠主和管理人員那裡才有，而大多數的工人那裡卻完全沒有。一些人或許會因所生產汽車的優良品質而驕傲，但是大多數人，透過他們的工會，則主要關注工資和工時問題。

在相當程度上，這種弊端是和機械化密不可分的，而機械化又和龐大的規模結合在一起。由於前者[1]，沒有人能夠製造一輛汽車的大部分，而只是分擔某一部件生產的一小部分；大量的工作不需要什麼技能，而完全是單調重複的。由於後者（組織的龐大規模），共同生產汽車的群體不像在管理

1 指機械化。——譯注

者和雇主之間那樣，存在著團結和休戚與共的感覺。在薪水族當中存在團結一致，在管理者當中也可能存在團結一致。但是薪水族的團結一致和產品無關；它只和薪資的增長以及工時的減少有關。管理者**也許**會因爲產品而自豪，但是當一種產業完全商業化的時候，就會有一種只考慮利潤的傾向，而利潤往往更容易透過廣告而不是透過改進工藝來獲得。

兩樣東西導致了工藝上自豪感的衰落。較早一些的是貨幣的發明；而後則是大規模生產的出現。貨幣導致了以價格來評價一件物品[2]，但價格並不是物品所固有的東西，而是和其他商品所共有的一種抽象物。物品如果並不是爲了交換而生產，就可以根據它們是什麼，而不是根據它們能換取什麼來評價。鄉村的村舍花園往往秀美怡人，而且可能花費了大量勞動，但是卻並不打算帶來任何金錢回報。除了取悅遊客，鄉村裝束現在已經很難看到了，

2 原文為：currency led to the valuation of an article by its pride，為...by its price之誤，此處根據喬治・亞倫和安文出版有限公司一九四九年版更正。——譯注

它們由穿用者的家庭製作，並且沒有定價。古希臘衛城神廟和中世紀大教堂並不是出於錢財的目的而修建的，也不能用於交換。慢慢地，貨幣經濟取代了物品只是爲了製作者的使用而生產的經濟，這種變化使人們從有用，而不是使人愉悅的角度來看待商品。

大規模生產又把這一進程推進到了一個新階段。設想你是一個鈕扣製造商：不管你的鈕扣多麼精良，除了你自己使用的幾個之外，你並不需要更多。其餘的你都希望用來交換食品和住所、汽車和你孩子的教育等等。除了貨幣價值，這些東西和鈕扣毫無共同之處。而且對你來說，重要的甚至不是鈕扣的貨幣價值；重要的是**利潤**，也就是說出售價值高於生產成本的盈餘部分，而這卻可以透過降低鈕扣的內在品質來增加。確實，當大規模生產取代了較原始的生產方式時，常常會造成內在品質的下降。

除了上面已經提到的之外，現代組織還有兩種結果往往會降低生產者對產品的興趣。一種是從工作中所期待獲利的間接性（remoteness）；另一種則是管理者和勞動者的分離。

就獲利的間接性來說，假設你現在從事某種出口商品輔助部分的生產工作——讓我們再以汽車爲例。人們特別強調地告訴你，驅動裝置的出口是必需的，這樣我們就能購買食物了。作爲你的勞動結果而購買的多餘食物並不分給你個人，而是在大約四千萬英國居民中分配。如果你一天不工作，國民經濟並不會有明顯的損失。只是由於理智的作用，你才使自己意識到你不工作所帶來的危害，也只是由於道德的作用，你才使自己去做比保住你的職位所需更多的工作。當需要變得明顯而緊迫之時——比如在海難中，整個事情就會變得完全不同。在海難中，船員服從命令而不需要給自己找任何理由，因爲他們都具有一個直接的共同目標，而實現這一目標的手段也不難理解。但是船長如果被迫像政府那樣來解釋現行的各種原則以證實他的領導是英明的，那麼在他的講話還沒結束以前，這艘船恐怕早就沉了。

管理者和勞動者之間的分離包括兩個方面：一個方面是勞資之間常見的

衝突，另一個方面則是困擾所有大型組織的更普遍的麻煩。關於勞資之間的衝突，我不打算說什麼，但是管理的間接性——無論是在政治組織還是經濟組織裡，也無論是在資本主義還是社會主義體制下——卻不是一個很陳舊的話題，值得加以考慮。

無論社會是怎樣組織的，在普遍利益和這個或那個局部利益之間不可避免地會存在大範圍的衝突。煤炭價格上漲對煤炭工業是有利的，並且會促進礦工工資的增加，但是對所有其他人來說則是不利的。如果價格和工資由政府來確定的話，那麼每一個決定都必然會使一些人失望。應當由政府來權衡的各種考慮是如此普遍，並且顯然遠離工人的日常生活，以至於很難使它們顯得令人信服。集中的好處總是比分散的壞處更容易被人覺察到。正是由於這種原因，政府發現，要想抵制膨脹是困難的，而當它們這樣做的時候，它們又很容易變得不受歡迎。一個眞正按照普遍公眾的利益來做事的政府會冒一種風險，即每個局部都會認爲政府不正當地忽視了自己的利益。這是一個難題，在民主政治中，政府控制程度的每次增加都往往會使問題更爲嚴重。

此外，期待政府，即使是民主政府，總是會做最符合公共利益的事情，這未免過於樂觀。我以前曾提到過官僚制的一些弊端；我現在想考察一下包含在官員和公眾關係中的那些弊端。在一個高度組織化的社會裡，那些行使政府職能的人，從部長下至地方機構中最低級的雇員，都有他們自己的私人利益，這些利益和社會利益是絕不可能一致的。對這些人來說，熱衷權力而厭惡工作是主要的。對一個方案說「不」的公務員既能滿足他行使權力的喜好，又能滿足他對工作的厭惡。他由此也逐漸成為，以及在某種程度上就是，本來期望他去為之服務的那些人的敵人。

讓我們以在處理食物短缺問題時所必需的措施為例。如果你有一份配額，並且如果允許你用你的產品來補充你的配給的話，獲得食物的困難將會促使你努力工作。但是大多數人必須購買他們所有的食物，除非他們從事農業。在自由放任的狀況下，價格將會飛漲，而除了富人之外，所有人都將嚴重地吃不飽肚子。然而，儘管這是事實，我們中卻很少有人眞心感激糧食管理局的女士們提供的服務，她們中也很少有人因為勞累和操心還能對民眾保持一種完全和藹可親的態度。對民眾而言，這些女士——無論多麼不公正——似乎是無知而霸道的；對這些女士而言，民眾則似乎是令人討厭、挑剔而又愚蠢的，總是在不停地浪費東西或者變換他們的住址。由於這種情形，難以想像，政府和被統治者之間怎樣才能產生一種眞正的和諧。

迄今爲止已發現的，能夠在私人情感和公共利益之間產生局部一致的一些方法，很容易遭到各種不同的反對。

最容易、也最明顯的協調者是戰爭。在一場艱苦的戰爭中，當民族存亡處於危急中時，很容易促使每個人都努力工作，而如果人們認爲政府稱職勝任的話，就樂於服從它的命令。這就像海難中的情形。但是沒有人會提倡把海難作爲加強海軍紀律的手段，我們也不能因爲戰爭帶來民族團結就鼓吹戰爭。毫無疑問，對戰爭的**恐懼**也能產生多多少少同樣的結果，但是如果對戰爭的恐懼在很長一段時間裡都很強烈的話，則可以相當肯定地說，這會導致眞正的戰爭，對戰爭的恐懼在增進民族團結之時，同樣也會導致厭倦和歇斯底里。

競爭，在它存在的地方，是一個極其強大的動機。社會主義者一直都普遍地把它貶低成資本主義社會的弊端之一，但是蘇聯政府在工業組織中已經把它恢復到了一個非常重要的地位。斯達漢諾夫方法[3]（在這種方法中，某些工人因非凡的工作表現受到獎賞，其他人則因爲工作中的缺點而受到懲罰）是計件工作制的復興，而這是工會一直強烈並曾成功地反對過的。我毫不懷疑這些方法在俄國具有資本家從前所聲稱的那些好處，也具有工會所強調的那些缺點。作爲對心理問題的一種解決辦法，它們無疑是不適當的。

然而，儘管人們強烈地反對很多形式的競爭，我認爲競爭對促進必要的努力卻具有實質性的作用，在一些領域，它還爲否則將可能引起戰爭的那些衝動提供了一個相對無害的發洩出口。沒有人會贊成取消比賽中的競爭。如果一直對抗的兩支球隊，在手足之情的感化下，決定在比賽中合作，先是

3 斯達漢諾夫（一九〇六—一九七七）是蘇聯模範礦工，由於在增產運動中表現出眾而受到表揚。——譯注

這邊進一個球，然後另一邊進一個球，那麼沒有誰的快樂會得到增加。沒有任何理由能夠說明源自競爭的熱情爲什麼應該被限於體育運動當中。球隊之間、地方之間或者組織之間的競爭，都可以成爲一種有效的刺激。但是要想競爭不變得殘酷而有害的話，對失敗的懲罰就不能是災難性的——就像在戰爭、饑荒和不受控制的經濟競爭中那樣，而僅僅是喪失榮譽而已。如果輸了比賽的球隊會被處死或者挨餓的話，那麼足球就不會是一項討人喜歡的運動了。

在英國，近年來，人們一直大聲疾呼要有責任感。目前的嚴峻形勢無法迴避，增加生產才是唯一的出路。不可否認，在危急時期，這樣一種呼籲無疑是必要的。但是儘管責任感有時候是寶貴的，並且也不可缺少，但它並不是永久性的解決辦法，而且也不可能在長時期裡獲得成功。它包含著一種緊張感，以及一種對於自然衝動的持久的抗拒，如果這種情況持續下去，必然會使人筋疲力盡，並使人降低自然的活力。如果人們不是以像「十誡」[4]這樣簡單的傳統道德爲基礎，而是受種種複雜的政治、經濟因素驅使而具有責任感的話，倦怠感將會使人對有關的論點產生懷疑，而很多人將會變得完全漠不關心，或者接受某種可能並不正確的理論，認爲有通往繁榮的捷徑。人類能夠被希望所激勵或者被恐懼所驅使，但是如果希望和恐懼要想發揮作用而不產生倦怠感的話，它們就必須是鮮活和直接的。

部分程度上正是由於這一原因，歇斯底里的宣傳，或者至少希望引發歇斯底里的宣傳，對現代世界才有這樣廣泛的影響。人們一般都能意識到，他們的日常生活受遠方世界各地所發生事情的影響，但是除了少數專家之外，他們並不理解這是怎樣發生的。稻米爲什麼沒了？香蕉爲什麼這麼稀罕？公

---

4 上帝在西奈山上給摩西的十條戒律，是摩西律法的基礎。參見《聖經·出埃及記》，第二十章。——譯注

牛爲什麼明顯不長尾巴了？[5]如果你怪罪印度，或者官僚作風，或者資本主義制度，又或者社會主義國家，你就是在人們的頭腦裡召喚一個人們容易去仇恨的、虛構的人格化惡魔。在每一次不幸當中，尋找一個可以怪罪的敵人是一種自然衝動；原始人就把所有病痛都歸結爲敵人的魔法。每當我們各種問題的起因太難理解時，我們往往會求助這種古老的解釋。一份報紙如果爲我們提供了一個可憎的敵人，它就比一份探討美元短缺所有複雜細節的報紙更吸引人。一戰後，當德國人遭受痛苦的時候，他們很多人就容易相信要責怪的是猶太人。

訴諸對假想敵的仇恨來解釋我們生活中所有痛苦的事情往往是破壞性和災難性的；它會激發原始的本能力量，所用的卻是那些具有災難性後果的辦法。有各種辦法能減少訴諸仇恨所具有的效力，最好的辦法顯然是——在可

---

5 原文是Why have oxen apparently ceased to have tails？當是羅素的戲謔之語。牛尾湯（ox tail soup）是英國常見菜肴，羅素這裡的意思是由於物資短缺，人們連牛尾湯也喝不到了。——譯注

能的情況下——消除那些促使我們尋仇的各種弊端。如果做不到這一點，普及一下對造成我們不幸的原因的正確理解有時則是可能的。但是，只要在政治和新聞報導方面存在著由於歇斯底里的鼓動而活躍著的強大力量的話，這就仍然是困難的。

我認爲，不幸本身並不會產生，比方說，造成納粹出現的那種歇斯底里的仇恨。除了不幸，必然還有一種挫折感。瑞士的魯賓遜一家[6]，在他們的島上，發現有很多事要做，他們不會在仇恨上浪費時間。但是在一種更複雜的情況裡，事實上必須從事的那些活動可能遠遠不能直接吸引個人。在目前英國國民經濟的困境裡，我們大家都知道需要做什麼：增加生產，降低消

6 原文是a Swiss family Robinson。Swiss Family Robinson是瑞士作家約翰・大衛・韋斯（Johann David Wyss，一七四三—一八一八）一八一二年根據英國小說家丹尼爾・笛福（Daniel Defoe）《魯賓遜漂流記》一書改編的作品，敘述了一個姓魯賓遜的瑞士五口之家在移民新幾內亞途中因船難而漂流到一個荒島上所遭遇的奇特經歷。——譯注

費，刺激出口。但這是些重大而帶有普遍性的事情，和特定男男女女的福利並沒有很明顯的連繫。如果要想人們興高采烈並充滿活力地從事這些基於明顯間接的理由而被人們需要的活動的話，就必須想出一些辦法，以便爲從事國民經濟所需的這些事情找到更直接的理由。我想，這要求有控制的權力下放，並且要爲個人或者並不是很大的團體開展合乎需要的，並且多少是獨立的活動創造機會。

民主，正像它在現代各大國家裡存在著的那樣，並沒有給政治上的主動性提供充分的空間——除了極少數人以外。我們習慣於指出，由於將婦女和奴隸排除在外，希臘人所謂的「民主」是不充分的，但我們並不總是能意識到，在一些重要的方面，它比政府範圍擴大要更加民主。在希臘民主制下所有公民能對所有問題進行表決；他不必把自己的權力委託給某個代表。他可以選舉包括將軍在內的行政官員[7]，而且還可以聲討這些官員，如果他們使

7 將軍是雅典城邦的軍事人員，一般為十位，任期一年，但可連選連任；戰爭時期，戰功卓著的將

大多數人不高興的話。公民的人數不多，這足以使每個人都感到他是有價值的，而透過和他熟悉的人辯論，他也能產生重要的影響。我並不是說，希臘的民主制全部都是好的；實際上，它也有很嚴重的缺陷。但是在考慮個體的主動性方面，它卻遠遠勝於現代社會的任何制度。

爲了便於說明，讓我們考慮一個普通納稅人和一位海軍上將的關係。納稅人全體是上將的雇主。他們在國會裡的代理人就上將的薪資進行表決，並選擇一個政府——政府會批准委派給海軍上將的職權。但是如果納稅者個人試圖對海軍上將採取雇主對雇員常有的那種權威態度的話，他很快就會受到壓制。上將是一位要人，慣於行使權威；普通納稅人則不是。在較小的程度上，同樣的事情也存在於整個公共服務系統中。即使你只是想寄一封掛號信，郵局職員也能行使短暫的權力；他至少可以決定什麼時候去留意你的需求。如果你想做更麻煩的事情，而他又碰巧心情不好，他會使你感到很不愉

軍往往成為最有權勢的人物，甚至可能排擠執政官，成為事實上的政府首腦。——譯注

快；他會把你推給另一個人，而這個人又會把你推回來，儘管他倆都被認為是公「僕」。普通選民，非但沒有感到自己是陸軍、海軍、員警和文職機構等所有權力的源泉，反而**覺得**自己是他們謙卑的臣民，其職責就像中國人過去常說的，只是「發抖和服從」（tremble and obey）。只要民主的控制是間接而稀罕的，而公共管理部門是集權的，並且權威是從中央委派到地方的，個體在權力面前的無助感就很難避免。民主如果要在情感上，而不僅僅是在政治工具的意義上成為一種現實，就必須避免上述情況。

我們在這一講裡所關注的種種弊端大都不是什麼新東西。自從文明出現以來，文明社會裡的大多數人一直過著充滿悲苦的生活；榮耀、冒險和主動性只是少數人的特權，對多數人來說，生活則非常辛苦，並時不時會受到殘酷虐待。但是，首先是西方各國，後來逐漸全世界，都被一種新的理想喚醒了。我們不再滿足於少數人享有一切好事情，而多數人則悲苦不堪。早期工業主義的弊端帶來了一陣恐怖的戰慄，它們在羅馬時代也不曾出現過。奴隸制被廢除了，因為人們感到，沒有誰應該被僅僅當作另一個人享福的工具。

至少在理論上，我們不再試圖爲白人征服者對有色人種的剝削辯護。社會主義正是由消除貧富差距的願望所激發的。到處都有針對不公正和不平等的反抗，人們不願把輝煌的上層建築構築於苦難和墮落的基礎之上。

這種新的信念現在如此普遍地被人們認爲理所當然，以至於人們沒有充分意識到，在人類漫長的歷史上，這多麼具有革命性。就此而言，過去的一百六十年似乎是被這一理想所激發的一場持續的革命。就像所有有影響力的新信念一樣，它令人不安，並需要人們做出艱難的適應。像所有其他信仰一樣，這種信仰也存在一種危險——即把手段誤認爲是目的，結果反而把目的忽略了。在追求平等的過程中也存在一種風險，即難於公平分配的好東西可能會被人們認爲是不好的。過去那些不公正的社會給了少數人機會，如果我們不注意的話，我們試圖建立的新社會可能會不給任何人以這些機會。在我談到今天的不幸時，我這麼做，並沒有暗示它們比以前的弊端更嚴重，我只是確信，應當把過去那些美好的東西留給未來，並盡可能不要因爲這種轉變而使它受到損害。但是如果要想實現這一目標的話，就必須記住一些在各種烏托邦藍圖中往往會被人忘記的事情。

在那些爲了民主的平等而被不必要犧牲掉的東西裡，最重要的也許是自尊。我所指的自尊是自尊中好的那一半——即所謂「自尊心」（proper pride）。壞的那一半則是一種優越感。自尊將使一個處於敵人控制之下的人不至於奴顏婢膝，並使他在世人都反對他時仍然能夠感到自己也許是正確的。一個人如果沒有這種特質，他將會覺得大多數人的意見，或者政府的意見絕無錯誤，而這種情感方式如果普及開來的話，無論道德還是思想上的進步都不再可能。

自尊到今天爲止一直都不可避免地是少數人的美德。無論什麼地方，只要存在權力的不平等，在屈從於他人統治的那些人當中，都不可能找到它。暴政最令人反感的特徵之一是，它們竟然能夠使不公正的受害者去諂媚那些虐待他們的人。羅馬鬥士向皇帝們致敬，而皇帝卻打算屠殺他們中的一部分來取樂。杜斯妥耶夫斯基[8]和巴枯寧[9]在獄中時，曾假裝對尼古拉沙皇有好感。被蘇聯政府清洗的那些人常常要淒慘地承認自己的罪行，而逃脫了清洗的人則沉溺於令人作嘔的阿諛奉承之中，並常常要設法去控告同僚。民主體制也許能避免這些下流的自我貶損方式，並且**能夠**爲保存自尊提供充分的機會。但是，它也**可能**恰恰相反。

既然自尊過去一直主要限於有特權的少數人，它就可能容易被那些反對原有寡頭政治的人所輕視。相信民眾的聲音就是上帝的聲音的人可能會推斷說，任何與眾不同的意見或者特殊的喜好都幾乎是一種不敬，並且會被看成是一種對民眾合法權威的應受譴責的反叛。只有人們像珍視民主一樣珍視自由，並且認識到，一個人人都是所有人的奴隸的社會，只是略好於那種人人都是某個暴君的奴隸的社會時，這種情況才能避免。在所有人都是奴隸以及

---

8 杜斯妥耶夫斯基（一八二一－一八八一），俄羅斯作家。——譯注

9 巴枯寧（一八一四－一八七六），俄國無政府主義者和政治理論家。——譯注

所有人都自由的地方，都有平等存在。這表明，平等本身並不足以建構一個好社會。

在工業社會裡，最重要的問題，而且肯定也是最困難的問題之一，也許是使工作變得有趣——在工作不再**僅僅**是賺工資的手段的意義上。這一問題的產生尤其和無需技能的工作連繫在一起。困難的工作對那些勝任它的人可能是有吸引力的。塡字遊戲和西洋棋跟一些需要技能的工作非常相近，但很多人僅僅爲了取樂仍然在上面花費很大力氣。隨著機械的增加，那些工作非常單調並且非常簡單的薪水族所占的比例也在不斷增長。阿伯克龍比教授在其《大倫敦規劃，一九四四》（*Greater London Plan, 1944*）[10]一書中曾未加強調地附帶指出，大多數現代工業並不需要各種專門技能，因此不必把廠址設在各種傳統技能存在的地方。他寫道，「現代工作的性質進一步強調了

---

10 大倫敦是以倫敦市為中心的集合城市，由十二個內倫敦自治市和二十個外倫敦自治市組成。——譯注

不依賴於任何一種勞動儲備庫，它們要求較少的技能，卻要求高度的穩定性和可靠性；在今天的工人階級群體中，這是一些幾乎在任何地方都能找到的特質。」

「穩定性和可靠性」當然是非常有用的特質，但它們如果是一個人的工作對他所要求的全部的話，他不可能感到他的工作是有趣的，而且相當肯定的是，他的生活可以提供給他的滿足感將不得不到工作時間以外的地方去尋找。我並不認爲這完全不可避免，即使是在工作本身就很單調乏味的情況下。

首先需要的，是使工人恢復過去和主人翁地位（ownership）相連繫的一些情感。當機器介入的時候，一個工人個體實際上的主人翁地位已經不可能了，但仍然有很多辦法來保證和那種情感——即這是「我的」勞動成果，或者無論如何也是「我們的」勞動成果（「我們」指的是一個小到足以彼此相知、並且有一種休戚與共的主動意識的群體）——相連繫的自豪感。這不能由國有化來保證，國有化使管理者和官員們與工人的關係幾乎像在資本主義體制下一樣疏遠。所需要的是在所有內部事務上的局部的、小範圍的民主；工頭和經理們應該由那些將被他們管理的人來選舉。

統管工業企業的那些人缺乏人情味並且疏遠冷漠，這種特性對普通雇員的任何所有權利益都是致命的。伯納姆先生的〈管理革命〉（Managerial Revolution）一文提供了一幅在不久的將來可能會出現的、毫不令人興奮的景象。如果我們想要避免他所預言的那種單調的世界的話，最重要的事情就是管理的民主化。這個主題在詹姆斯·吉爾斯比先生的《工業中的自由表達》（*Free Expression in Industry*）一書中得到了很好論述，我最好還是引用他的原話。他說：

> 當一個個體或者群體存在嚴重問題，而又不能帶著問題去找高層管理者時，就會有一種挫敗感。就像在國家官僚體制裡那樣，在工業官僚體制中也是如此——存在著同樣的拖拉，把責任

推給甲或者乙，強調慣例，由此產生同樣的無助感和挫折感。「如果我能找到頭兒，他就會知道，他就會明白……。」這種找領導者的願望非常現實，也非常重要。雇員群體每月的代表例會並非毫無意義，但它不能成爲雇主和雇員之間面對面關係的有效代替。它對這樣的狀況是沒有幫助的：當一個工人代表，或者一個工人帶著問題去找工頭，而工頭由於控制權的上交被剝奪了權威，因此只能把問題交給主管。而主管又依次把問題交給部門經理，經理則把它列入下次會議的議程。或者這個問題也許會提交給福利部門，大公司裡的一個大部門，則福利或者人事經理的代理（經理本人也不過是總經理或者老闆的某一職責的代理）可能會處理或者遞交這件事情。

在大公司裡，有一種比挫折感更甚的東西；對公司的運作，基層員工有一種特殊的無意義感。他不知道他的工作對公司總體有什麼意義。他不知道誰是眞正的老闆；而且往往不知道誰是總經理，很多時候，部門經理也從來沒有和他打過招呼。銷售經理、成本經理、計畫經理、福利總經理以及其他許多人，不過是些得了美差而又不用工作很長時間的人。他和他們沒什麼牽連，他們也不屬於他的群體。

無論在政治上還是工業裡，只要政府或管理部門被認爲是「他們」，是一個遙遠的群體，這個群體趾高氣揚，傲慢無禮，並且自然地被人們懷著敵意（這種敵意是無力的，除非它採取反叛的形式）來看待，民主就不會是一種心理上的事實。正如吉爾斯比先生指出的那樣，在工業裡，我們在這個方面做得很少，而管理部門，幾乎沒有例外，都顯然是君主制或者寡頭制的。這是一種弊端，如果不加控制的話，它將會隨著組織規模的每次擴大而增長。

自有史以來，大多數人就一直生活在貧窮、困苦和殘酷的重壓之下，在敵意或者冷酷的非人權力的控制下，他們感到自己是軟弱無力的。這些不幸對於文明的存在不再是必然的了；如果我們以一種人道的精神，懷著對生活與幸福根源的理解來利用現代科學技術的話，我們就可以藉助於現代科學技術來消除它們。沒有這樣一種理解，我們就可能在不經意間建立起一座新的牢獄，也許公平——因爲沒有誰將置身其外，但卻沉悶、無趣以及精神麻木。怎樣避免這樣一種災難，我將在最後兩講裡進行考察。

附論：

蘇格蘭花呢工業提供了由於現代機械方法造成品質下降的一個引人注目而慘痛的例子。手織花呢被公認具有最上乘的品質，長期以來一直在蘇格蘭高地、赫布里底群島、奧克尼群島和設德蘭群島[11]生產，但是機織花呢的競爭沉重打擊了手織工人，而購置稅，根據議會兩院的辯論結果，更是給了他們致命一擊。結果，那些不再能依靠自己手藝謀生的人被迫離開了這些島嶼和高地，到城市生活，甚至移居國外。

購置稅每年能帶來一百到一百五十萬英鎊的收入，但是相對於這一短期

11　赫布里底群島位於英國蘇格蘭本土以西，奧克尼群島、設德蘭群島位於英國本土以北。——譯注

經濟收益而言，必須考慮到那些幾乎無法估量的長期損失。

首先，除了那些我們在工業革命盲目和貪婪的全盛期已遭受到的損失之外，我們還失去了一種具地方和傳統特色的技藝，這種技藝曾給運用它的人帶來了手藝人的快樂，並給他們帶來了一種生活方式，儘管艱辛，卻賦予他們以驕傲和自尊，以及在充滿困難和風險的情況下透過聰明才智和努力取得成功的快樂。

其次，產品在審美和效用兩個方面的內在品質也有所下降。

第三，這種對地方產業的扼殺，加劇了城市無法控制的發展趨勢，而這正是我們在國家城鎮規劃中試圖要避免的。在有損健康的巨大而可怕的人口密集區裡，獨立的紡織工人成爲了零部件（units）。他們的經濟保障不再取決於自己的技能和自然的力量。這種保障在一些大型組織中是不復存在的，因爲一個組織破產，個個破產，而破產的原因卻無法理解。

在現代，兩個因素使這一進程——工業革命的一個縮影——變得不可饒恕。一方面，並不像不能預見自己行爲結果的早期工業主義者那樣，我們非常清楚由此造成的種種不幸。另一方面，這些不幸對增加生產，或者對提高工人的物質生活水準不再是必需的了。電力和汽車運輸已經使小的產業單位不僅在經濟上是可行的，而且甚至是理想的（desirable），因爲它們避免了運輸和組織方面的巨大花費。在鄉村產業仍然繁榮的地方，鄉村產業慢慢也會機械化，但是它會就地以小單位的形式保留下來。

在世界上工業主義還處於初期階段的地方，還是有可能避免我們經歷過的那些可怕事情的。例如：印度傳統上是一個村社國家。這種傳統生活方式有它自身的弊端，但是如果它被突然而劇烈地轉變成城市工業主義那些更大的弊端的話，這將是一場悲劇，因爲那些更大的弊端將會被施加在一些生活水準已經低得可憐的人身上。由於認識到這些危險，甘地曾試圖透過在整個大陸恢復手搖紡織來使時光倒流。他在部分程度上是對的，但是拒絕科學帶給我們的種種好處卻是荒唐的；相反，我們應該熱切地掌握這些好處，並把它們運用於物質財富的增長，以及與此同時，運用於保護像純淨的空氣、在小共同體中的地位、以責任和出色工作爲榮等一些樸素的特權——對大型工業城鎮中的工人來說，這些特權幾乎是不可能有的。應該讓喜馬拉雅山的河流提供印度鄉村工業逐步機械化以及物質福利無法估量的進步所必需的全部水能電力，否則的話，當古老的傳統被過於粗暴地打斷之時，不是造成工業蕭條的明顯災難，就是造成更加難以捉摸的損失和衰退。

第五講　控制與主動性：它們各自的領域

一個健全而進步的社會既需要集中控制，也需要個人和群體的積極性：沒有控制，會出現無政府狀態；沒有積極性，則會出現停滯。在這一講裡，我將對哪些事情應該控制、哪些事情應該留給個人或者准許個人去發揮主動性得出一些帶有普遍性的原則。我們希望在一個社會裡找到的那些特性，有一些實質上是靜態的，而另一些就它們眞正的本性來說則是動態的。概略地說來，我們可以認爲，這些靜態的特性適於政府控制，而動態的特性則應該由個人或者群體的積極性來推進。但是這種積極性要想成爲可能，並且要想它富於成效而不產生破壞的話，就需要由適當的制度來促進它，而維護這些制度就不得不成爲政府的職能之一。顯而易見，在無政府狀態下，不可能有大學、科學研究或者圖書出版，甚至像海濱度假這樣自然的事情。在我們錯綜複雜的世界上，沒有政府，不可能有富於成效的主動性，然而不幸的是，沒有主動性，政府卻仍然能夠存在。

政府的**主要**目的，我認爲應該有三個：安全、公正和保護。這些都是對人類幸福至關重要的事情，也是只有政府才能做到的事情。與此同時，它們中的任何一個都不是絕對的；在某些情況下，爲了更大程度的其他的善，每一個都不得不做出一定的犧牲。我將依次論述它們。

安全，在保護生命和財產的意義上，始終被認爲是國家的主要目的之一。然而，儘管很多國家保護守法的公民不受其他公民侵害，卻並不認爲使他們免受國家的侵害也是必要的。[1]在那些存在依行政命令進行逮捕，以及不經過正當法律程式而進行懲罰的地方，無論國家建立得多麼穩固，個體民眾也沒有安全可言。而且甚至堅持正當的法律程式也是不夠的，除非法官獨立於行政部門。十七、十八世紀，在「臣民自由」和「人權」的口號下，這種思想體系具有顯赫地位。但是人們所尋求的「自由」和「權利」只能由國家來保障，而且當時只有在國家是那種能夠被人們稱爲「自由的」[2]國家時

---

1 此處原文為...it necessary to protect them against the Sea，為... against the State之誤，此處根據喬治．亞倫和安文出版有限公司一九四九年版更正。——譯注

2 原文是liberal，也有「開明的」這一內涵。——譯注

才可能。只有在西方，這種自由和這些權利才得到了保障。

今天，對西方國家的居民來說，一種更引人注目的安全是防止敵對國家的攻擊。這之所以更引人注目，是因爲它一直沒有得到保障，並且也因爲戰爭手段的發展而年復一年地變得更重要。只有存在一個壟斷了所有主要戰爭武器的單一世界政府，這種安全才會變得可能。我不想展開這一論題，因爲它有點偏離我的題目。我只想特別強調地指出，除非人類已經實現了一個單一世界政府之下的安全，否則任何其他有價值的東西，無論它是哪一種，都是不安全的，並且隨時可能被戰爭所毀滅。

經濟安全一直是現代英國立法工作最重要的目標之一。失業、疾病和養老保險，已經消除了薪水族生活中很多對未來的令人痛苦的不確定性。醫療方面的安全也由於那些大大延長了平均壽命並且減少了疾病數量的措施而得以增進。總之，除了戰爭期間之外，西方國家的生活比起它在十八世紀來危險要小很多，而這種變化主要應歸於政府多方面的控制。

安全，儘管無疑是好事情，卻也可能會因爲追求過度而成爲一種迷信。安全的生活未必是幸福的生活；它可能會因爲無趣和單調而令人感到沉悶。很多人，特別是當他們年輕的時候，喜歡冒險的刺激，並且甚至可能會在戰爭中找到對沉悶的安全的解脫。安全本身是由恐懼所激發的一種消極目的；令人滿意的生活卻必須有一個由希望所激發的積極目的。這種冒險的希望包含了風險以及由此而來的恐懼。但是經過審慎選擇的恐懼並不像由外部環境所強加給一個人的恐懼那樣是件壞事情。因此我們不能僅僅滿足於安全，或者想像它能帶來太平盛世（the millennium）。

現在談談公正問題：

公正，特別是經濟上的公正，最近已成爲政府的一個目標。公正已經開始被解釋爲平等，除了非凡的功績被認爲應該得到特別的，但仍屬適度的獎賞。**政治上的**公正，也就是民主，自從美國和法國革命以來，一直被人們所追求，但是**經濟上的**公正卻是一個新目標，而且需要更大程度的政府控制。

在我看來，社會主義者的主張是正確的，即應該由國家擁有主要工業，並在很大程度上控制對外貿易。社會主義的反對者也許會認爲，經濟上的公正代價過於高昂，但是卻沒有誰能否認，要實現它的話，國家對工業和金融進行很大程度的控制就是必不可少的。

然而，經濟上的公正也有種種侷限，即使它最熱烈的西方擁護者，至少也會默認這一點。例如：具有頭等重要性的，是透過改善世界上較爲不幸的地區的處境來尋找通往經濟公正之路，這不僅是因爲有太多的不幸需要緩解，也是因爲如果明顯的不平等持續下去的話，世界將不可能安穩或者免於大的戰爭。但是致力於在西方國家和東南亞之間建立經濟平等的努力，如果不透過漸進方法的話，將會把較繁榮的國家拖向較不發達國家的境地，卻並不會給後者帶來什麼明顯的好處。

公正，和安全一樣，但卻是在一種更大的程度上，是一個受到各種限制的原則。在人人同樣貧困以及人人同樣富有的地方，公正是存在的，但使富裕的人變得更貧困，似乎並沒有什麼意義——如果這並不會使貧困者富有起來的話。在追求公正的過程中，如果它使貧困者比以前更貧窮，反對公正的理由就會更強烈。如果還伴隨著教育的普遍削弱以及有成效的研究減少的話，這種情況就很可能會使貧困者更貧窮。在埃及和巴比倫，如果從來沒有過經濟上的不公正的話，人們不可能發明書寫藝術。然而，以現代的生產方式，爲了促進各種文明技藝的進步，在工業發達國家中永遠保持經濟上的不公正卻沒有**必要**。需要記在心上的只有一種危險，即就像過去一樣，沒有什麼事情在技術上是不可能的。

現在我來談談第三個問題，保護。

保護，就像安全和公正一樣，需要國家的作爲。我所說的「保護」並不僅僅指保護古蹟和風景區，以及維護道路和公共設施等等。目前，除了戰爭期間，這些事情都已經在做了。我主要考慮的是保護世界上的各種自然資源。這是一個具有廣泛意義，卻又很少被人關注的問題。在過去的一百五十年間，人類已經耗盡了各種工業原料以及農業賴以生存的土地，而對自然資本的這種耗費正以日益增長的速度進行著。就工業而言，最突出的例子是石油。世界上可開採的石油數量是未知的，但肯定不是無限的；對石油的需求已經到了這樣的程度，以至於存在著因爲它而導致第三次世界大戰的危險。當石油不再能大量地爲我們所用之時，我們的生活方式將會發生很大變化。如果我們試圖代之以原子能，由此又將只會導致可開採的鈾和釷資源的枯竭。既然當前工業的存在主要取決於自然資本的消耗，那麼它就不可能以它目前這種揮霍無度的方式持續下去。

在一些權威人士看來，甚至更嚴重的是農業的狀況，就像沃格特先生在《生存之路》（*Road to Survival*）中明確指出的那樣。除了少數得天獨厚的地區（西歐是其中之一）之外，流行的耕作方法將會很快耗盡土壤的肥力。美國乾旱塵暴區的擴大是破壞性進程最有名的例子，這一進程在世界大多數地區還在繼續。與此同時，隨著人口的增長，除非採取強有力的措施，一場災難性的食品短缺在近五十年裡將不可避免。農業研究者都清楚這些必要的措施，但是只有政府才能實施它們，並且只有在它們樂於面對並且能夠面對不受歡迎的局面時才有可能。這個問題遠遠沒有得到人們的關注。任何一個希望沒有血腥戰爭（這些戰爭一定會比我們經歷過的那些戰爭更具破壞性，因爲在兩次世界大戰中，世界人口增長了）的穩定世界的人都必須面對這一問題——如果他們要想減輕食品短缺的話。除了防止戰爭之外，農業改革問題也許是各國政府在不久的將來所不得不面對的最重要的問題。

我已經談到，安全、公正和保護是政府最重要的職能，因爲它們是只有政府才能實現的東西。我並不是說政府就不該有其他職能了。但是大體來說，政府在其他領域的職能應當是鼓勵非政府性質的主動性（non-governmental initiative），並且以寬容的態度爲它的存在創造機會。存在著無政府和犯罪形式的主動性，這是文明社會所不容的。還存在著其他形式的主動性，比如公認的發明家的主動性，每個人都認爲它們是有益的。但是還有大量中間層次的革新者，人們並不能預先知道他們行爲的效果是好還是壞。和這個不確定的層次特別相關的是，必須鼓勵自由試驗的願望，因爲這一層次包含了人類成就史上所有最美好的事物。

整齊劃一，是國家控制的自然結果，它在一些事情上是可取的，在另一些事情上卻並不可取。在墨索里尼之前的佛羅倫斯，城鎮道路有一種規則，而周圍的鄉村道路卻有一種相反的規則。這種多樣性是不方便的，但是在很多事情上，法西斯主義卻壓制了一種**可取的**多樣性。在觀點問題上，在不同的思想流派之間存在著富於活力的探討是件好事情。在思想領域，有一切理由贊成生存競爭，在這種競爭中適者將幸運地生存下來。但是要有思想上的競爭的話，就必須有一些方法對所採用的手段加以限制。裁決不應該以戰爭、暗殺、監禁持特定見解的人或者使持不受歡迎見解的人無法生存下去的方式來做出。在私營企業盛行或者存在很多小邦國的地方，就像在文藝復興時期的義大利和十八世紀的德國那樣，這些條件在某種程度上都可以透過不同庇護人之間的競爭來加以滿足。但是，當國家像整個歐洲曾經趨向於發生的那樣變得巨大而私人財富變小之時，保護思想多樣性的傳統方法就失效了。仍然可行的唯一方法是由國家來控制局勢，並建立起某種昆斯伯里規則[3]，用它們來指導競爭。

如今，藝術家和作家幾乎是唯一可以在不涉及某個集團的情況下，幸運地行使作爲個人強有力而且也很重要的主動性的人。當我住在加州時，有兩個人致力於向世人報導這個州的移民勞工狀況。一個是小說家，在小說裡涉及了這一主題；另一個是一所州立大學的教師，在一項小心翼翼的學術研究裡涉及了這一問題。小說家發了財；教師卻被開除了，面臨著窮困潦倒的境地。

但是，儘管作家的主動性保存了下來，卻也在很多方面都受到了威脅。如果圖書出版控制在國家手裡，就像俄國那樣，那麼國家就能決定出版什麼，而且除非它把自己的權力託付給某個完全超越黨派的權力機構，否則

3 昆斯伯里規則（Queensbury rules），又叫昆斯伯里侯爵規則（Marquess of Queensbury rules），是對現代拳擊有最直接影響的一套規則，一八六七年在昆斯伯里侯爵主持下首次發表。羅素在此泛指帶有普遍性的公平競爭規則。——譯注

就可能什麼書也不能出版——政治領袖所中意的書除外。當然，這同樣適用於報紙。在這個領域裡，整齊劃一將是一場災難，而這卻是不受限制的國家社會主義[4]的一種非常可能的結果。

就像我在第三講裡已經指出的，科學人士以前是可以獨立工作的，就像作家現在仍然可以的那樣；卡文迪許[5]、法拉第[6]以及孟德爾[7]幾乎完全不依賴於公共機構，達爾文也只是在政府允許他搭乘「畢格爾」號航行這一點上依賴於公共機構。但是這種獨立性是以前的事情。大多數研究需要昂貴的設備；某些研究需要爲去困難地區的考察籌措資金。沒有政府或者大學提供的

4 國家社會主義，即納粹主義（Nazism），是希特勒作為納粹黨首在德國推行的極權主義運動。——譯注

5 卡文迪許（一七三一—一八一〇），英國化學家和物理學家。——譯注

6 法拉第（一七九一—一八六七），英國物理學、化學家。——譯注

7 孟德爾（一八二二—一八八四），奧地利植物學家，遺傳學創始人。——譯注

各種便利，幾乎沒有人能夠在現代科學中取得成就。因此，決定誰會獲得這些便利的前提條件就非常重要。如果只有那些在當前的爭論中被看作是正統的人才符合條件的話，科學進步將很快會終止，並且將讓路給政府當局的學術統治，就像在整個中世紀被扼殺了的科學那樣。

在政治上，個人主動性和群體之間的連繫是顯而易見並且不可或缺的。這通常會涉及兩個群體：政黨和選民。如果你想推行某項改革，你必須首先說服你的政黨接受它，然後再說服選民接受你的政黨。當然，你也可以直接對政府施加影響，但是在一個公眾都很關心的問題上，這幾乎是不可能的。既然這不可能，而所需的主動性又涉及如此多的時間和精力，並且很可能仍然以失敗告終，因此大多數人寧願默認現狀，直到在五年一次的選舉中選出某個承諾改革的候選人。

在一個高度組織化的世界裡，與群體相連繫的個人主動性必定只限於少數人，除非這個群體規模不大。如果你是一個小委員會的成員，你希望去影響它的決定就是合理的。在國家政治中，你只是二千萬選民中的一員，你的影響微乎其微，除非你不同凡響或者處於特殊職位。固然，你在其他人的政府裡擁有二千萬分之一的名額，但是你在自己的政府裡也只不過擁有二千萬分之一的名額。因此，你更多感受到的，不是統治，而是被統治。在你心裡，政府成了一個遙不可及卻又非常惡毒的「他們」，而不是你以及和你意見相同的人所共同選舉出來、以實現你們願望的一批人。在這種情況下，你關於政治的個人感受，並不是民主帶來的樣子，而更近乎於專制體制下的那個樣子。

權力只有被委託給一些小團體（在這些小團體裡，個人不會被純粹的巨大數目所吞沒），勇於冒險的意識，以及有能力實現人們覺得重要的結果的意識才可能恢復。即便只是由於我們在這一講開頭考察過的那些原因，相當程度的集中控制也是必不可少的。但一方面要盡可能與這種需要相容不悖，同時國家的各種權力也應該根據它們的職能委派給各種不同的機構——地理的、工業的、文化的。這些機構的權力應足以使它們引人注目，並使得有能力的人在影響這些機構的時候找到滿足感。如果它們要實現自身目的的話，這些機構還需要相當程度的財政自主權。對主動性來說，沒有什麼比一份思考周詳的方案，被一個對它幾乎一無所知、對它的目的也毫不同情的中央權威所否決更讓人沮喪和窒息的了。但是在英國，在我們集中控制的體制之下，這卻是常有的事情。要想最優秀的頭腦不失去作用，就需要某種更加靈活而不那麼刻板的東西。所有健全體制的一個本質特徵是，權力盡可能多地掌握在對所要做的工作感興趣的人的手裡。

爲不同機構劃定權力界限的問題，無疑困難很多。一般性的原則應該是把不妨礙大機構實現其目的的所有職能都留給小機構。如果我們把討論暫時限於地理性機構的話，就應該存在一個從世界政府到教區[8]議會的層級體系。世界政府的職權是防止戰爭，它只應具有實現這一目的所必需的一些權

8 教區或行政教區（parish），是英國鄉村的基層行政單位，因為一般都有自己的教堂而得名。——譯注

力。這包括對武裝力量的壟斷，批准和修訂條約的權力，以及對國際爭端進行裁決的權利。[9]但是世界政府不應干涉成員國的內部事務，除非這是保證遵守條約所不可或缺的。同樣地，國民政府也應該盡可能多地讓權給郡議會，郡議會再讓權給自治城鎮和教區議會。可以預料，在某些方面可能會有短期的效率損失，但是如果下屬機構的職權足夠重要，以至於大量有才幹的人在成爲這些機構的一員時能夠得到滿足的話，暫時的效率損失很快就會得到更多的補償。

目前，人們非常普遍地將地方政府看作是富人和退休人員樂意待的地方，因爲一般說來，只有他們才有閒暇爲之出力。由於不能參與其中，年輕有爲的男女很少有誰會對地方團體的事務感興趣。要想改善這種狀況，地方政府的工作就必須支付薪水，因爲同樣的理由已經使我們爲議會議員們支付薪水。

9　原文如此，想必在羅素看來，世界政府對國際間的爭端進行裁決屬於一種權利（right），而不是一種具有強制力的權力（power）。——譯注無論一個組織是地理的、文化的還是意識形態上的，它總是有兩種關係，和它自己成員的關係以及和外部世界的關係。一般說來，一個機構和它自己成員間的關係，只要不違反法律，都應該留給成員們自由決定。儘管一個機構和它成員間的關係應該由成員們來決定，但也仍然存在著一些原則，如果民主要名副其實，我們希望機構的成員記住這些原則。以大企業爲例。社會主義者對資本主義的攻擊或許過於專注於收入問題而不是權力問題了。當工業以國有化的形式轉歸國家所有時，可能仍然存在著像私人資本主義時代那樣多的不平等，唯一的變化是，權力持有者現在是官員，而不是業主。在任何大型組織中都會存在比普通成員擁有更多權力的行政官員，這無疑不可避免，但是人們非常希望的是，權力的這種不平等不應大於它所絕對必要的程度，而盡可能多的主動性也應該分配給所有組織成員。在這方面，一本非常引人注目的書是約翰·斯佩丹·路易斯先生的《所有人的合夥關係——過去三十四年的工業民主制實驗》（*Partnership For All—A 34-year Old Experiment in Industrial Democracy*）。使這本書引人關注的，是它以一個人長期而廣泛的實踐經驗爲基礎，而這個人把公共精神和大膽實驗結合了起來。就經濟方面而言，他使自己企業裡所有工人都成爲分享利潤的合夥人，但是除了經濟方面的這種創新之外，他還煞費苦心地使每個雇員都有一種自己能主動參與到整個企業管理中去的感覺，儘管我懷疑，以他的方法能否使我們走向我們應當趨向的工業民主。他還想出一種辦法，使那些最有能力完成相關工作的人獲得重要職位。有趣的是，可以看到他反對報酬均等的一些論據，不僅以從事困難工作的人應該得到較好收入爲基礎，而且——反過來——還以較高收入是更出色工作的動機爲基礎。他說，「如果以爲能力以及運用能力的意志這二者都是數學家稱作『常數』的東西，而發生變化的只是工人作爲回報而碰巧獲得的收入，我想，這是大錯而特錯。不僅你竭盡全力的意志，而且你的實際能力，在很大程度上都取決於你所得的報酬。人們不僅因爲有能力而獲得高收入；他們有能力也同樣是因爲他們獲得了高收入。」

這一原則比路易斯賦予它的有著更廣泛的適用性，它不僅適用於收入，也適用於榮譽和地位。我認爲，實際上，增加薪水的主要意義在於提高地位。一個科學工作者，如果人們普遍認爲他的工作是重要的，他將會從這種認可中得到激勵，正像其他領域裡的人會從加薪中得到激勵一樣。重要的事情實際上是滿懷希望（hopefulness）以及一種樂觀情緒（buoyancy），作爲兩次世界大戰的結果，這種東西在歐洲已經變得非常匱乏。在傳統自由放任的意義上，人們已經不再提倡企業自由，但是至關重要的是，仍然應該有發揮主動性的自由，而且有能力的人應該爲他們的能力找到發揮的機會。

然而，這只是大型組織中討人喜歡的事物的一個方面。另一個重要的方面在於，那些掌權者不應擁有對他人的、過於絕對的權力。幾個世紀以來，改革者們反抗君主的權力，此後又著手反抗資本家的權力。但是在第二次抗爭中，如果結果只是以官員權力取代資本家權力的話，那麼他們的勝利將是徒勞的。當然也有一些實際的困難，因爲官員們常常等不及民主過程那緩慢的結果就必須做出決策，但是一方面以民主的方式來決定總的政策路線，另一方面批評官員的行爲卻不必擔心因此受罰卻總是可能的。既然有能力的人天生喜歡權力，可以設想，在大多數情況下，官員們都希望擁有比他們本該擁有的更多的權力。因此，在每個大型組織裡，就像在政治領域中一樣，都需要民主監督。

組織與外部世界的關係是一個不同的問題。每當這些關係不能以友好協商的方式獲得解決時，它們不應僅僅憑藉權力──也就是說，憑藉相關組織討價還價的實力──來決定，而應該求助於一個中立的權威。這一原則不應該有例外，除非我們實現了一個一體化的世界，這個世界從此不再有對外的政治關係了。如果一場威爾斯[10]式的世界大戰是可能的，我們就需要一個星際權威。

國家間的差異，只要不造成敵對，我們絕不應爲此而感到惋惜。在外國待上一段時間，我們就會意識到我們自己國家所缺乏的那些長處，無論我們

---

10 威爾斯（一八六六─一九四六），英國科幻小說作家，作品有《時間機器》、《星際戰爭》等。──譯注

自己的國家是哪個國家，這都是眞切的。這對一個國家中不同地區的差異，以及不同職業所造就的不同類型的人都同樣適用。性格的整齊劃一和文化的整齊劃一是令人遺憾的。生物的進化取決於個體或者部落間先天的差異，文化的進化則取決於後天獲得的差異。如果這些差異消失了，就不再會有任何可供選擇的事物了。在現代世界裡，確實有一種現實的危險，即一個地區和另一個地區在文化方面過於相近了。將這一不幸減到最小的最好辦法之一，就是增加不同群體的自主性。

如果我是對的，那麼應該用來掌控權威和主動性各自範圍的一般性原則，也許可以根據構成人性的不同衝動來加以廣泛說明。一方面，我們有掌控自己擁有之物，並且（常常）想獲得他人所有之物的衝動。另一方面，我們有創造的衝動，爲世界奉獻一些並不會有損他人的事物的衝動。這些衝動可能會採取像鄉村花園這樣低級的形式，或者也可能表現爲像莎士比亞和牛頓那樣的人類巔峰成就。廣泛說來，調整占有性衝動並依法控制它們屬於政府的基本職能，而創造性衝動，儘管政府可以鼓勵它們，卻應該從個體或者群體的自主性中獲得它們主要的影響。

和精神利益相比，物質利益更大程度上是一個占有問題。一個人吃了一份食物，其他人就無法吃到它，但一個人寫作或者欣賞一首詩歌，卻不會阻止另一個人寫作或者欣賞同樣優美或者更優美的一首詩歌。這就是為什麼，在涉及物質利益的時候，公正是重要的，而對精神利益來說，所需要的則是機會以及使成功的希望看起來合理的環境。激勵有能力從事創造性工作的人的，並不是巨大的物質回報；幾乎沒有詩人或者科學人士發過財或者想要發財。蘇格拉底是被當權者處死的，但是在最後一刻他仍然保持著完全的平靜，因為他已經完成了他的使命。如果他有各種名聲，卻被妨礙去做自己的工作，他將會覺得自己受到了非常嚴厲的懲罰。在一個當權者控制了所有宣傳手段的鐵板一塊的國家裡，一個具有突出原創力的人可能會遇到一種更糟糕的命運：無論他是否屈從於法律的懲罰，他都不可能使他的觀念為人所知。如果在一個社會裡發生這種事情，這個社會就不再能夠為人類的共同生活貢獻任何有價值的東西了。

對貪婪或者掠奪性衝動的控制是絕對必要的，因此，國家，甚至是世界國家，就是生存所必需的。但是我們不能僅僅滿足於活著而沒有死去；我們希望幸福快樂、充滿精力並富於創造力地活著。就此而言，國家能夠提供一部分必要的條件，但是在追求安全的過程中，只有當它並未扼殺那些賦予生活以滋味和意義，並且在很大程度上沒有被控制的衝動時，這才有可能。個人生活仍然有它適當的位置，也不必過於完全屈從於大型組織的控制。在一個現代技術所創造的世界裡，防範這種危險是極爲必要的。

第六講　個人倫理與社會倫理

在這最後一講裡，我想做兩件事。首先，簡要地重述前面幾講得出的結論；其次，把社會政治學說和一個人用以指導他私人生活的個人倫理連繫起來，以及在經歷了我們已經認識到的那些不幸和我們承認的那些危險之後，對人類並不太遙遠的未來，仍然抱以——就像從我們的研究裡得出的那樣——某些高尚的希望，對我來說，我相信基於對各種可能性的清醒估計，這些期望是可以被證明爲正確的。

先來簡要重述。概而言之，我們已經區分了社會活動的兩個主要目的：一方面，安全和公正需要集中的政府控制，這種控制要想有效的話，就必須擴展至建立起一個世界政府。進步，則相反，需要爲與社會秩序相容的個人主動性提供最大的空間。

盡可能保證實現這兩個目的的方法是**權力下放**。在與防止戰爭無關的一切事情上，世界政府必須給國家政府留以自由；國家政府則必須給地方權力機構留下盡可能多的空間。在工業方面，我們一定不要以爲，有了國有化，所有問題就都解決了。一個大的工業——比如鐵路——應該有很大程度的自治（self-government）；在國有化工業裡，雇員和國家的關係不應該是他們以前和私人雇主關係的純粹複製。和輿論有關的每件事情，比如報紙、書籍和政治宣傳，都必須允許眞正的競爭，並且要小心防範政府的控制，以及任何其它的壟斷形式。但是這種競爭必須是文化和思想上的，而不是經濟上的，更不能是軍事上的或者藉助於刑法的。

在文化問題上，多樣性是進步的一個條件。對國家有著特殊獨立性的團體，比如大學和學術社團，在這方面擁有巨大價值。然而不幸的是，人們看到，就像在今天的俄國，在那些對科學一無所知，卻能夠並且樂於使用經濟和治安力量來推行他們種種荒唐決定的政客的命令下，科學人士被迫發表蒙昧主義的胡說。這種可悲的景象只能透過把政客們的活動限制在人們認爲他們可以勝任的範圍之內來防止。他們不應擅自決定什麼是好的音樂、好的生物學或者好的哲學。無論過去、現在還是將來，我都不希望，在這個國家裡，這些問題要由哪個首相的個人喜好來決定，即使碰巧他的喜好確實是完美無缺的。

我現在來談談和社會政治制度問題相對的個人倫理問題。沒有人是完全自由的，也沒有人完全是奴隸。一個人要想有自由，他就需要個人道德來指導他的行爲。有些人會說，一個人只需要遵守他所在社會公認的道德規範。但是我認爲，任何人類學的研究者都不會滿足於這樣的答案。像吃人肉、用人獻祭和獵取頭顱等習慣，作爲道德上反對傳統道德看法的結果，已經消亡了。一個人如果眞的想過他可能過上的最好生活，他就必須學會批判在他的鄰人中被普遍接受的那些部落習俗和部落信念。

但是在談到一個人因爲良心的原因而背離他所屬的社會認爲是正確的事情時，我們必須在習慣的權威和法律的權威之間做出區分。爲一個非法行爲辯護，比爲一個只是觸犯傳統道德的行爲辯護，需要更強有力的根據。原因在於，尊重法律，是任何還算過得去的社會秩序的存在所必不可少的一個條件。當一個人認爲某項法律是不好的時候，他有權利，並且也許有責任去努力改變它，但只是在很少的情況下，他破壞法律才是正當的。我並不否認，在某些情形下，破壞法律也是一種責任：當一個人深信遵從是一種罪惡的時候，破壞法律就成了一種責任。這包括出於良心而拒絕服兵役者的情形。即使你非常確信他是錯誤的，你並不能說他不應該按照他的良心指示來行事。如果立法者是明智的，他們在制定法律時，會盡可能避免迫使有良心的人在罪惡（sin）和法定之罪（what is legally a crime）之間做出抉擇。

我認爲，同樣必須承認的是，在某些情形下，革命也可以被證明是正當的。存在著這樣一些情形，即法定政府是如此惡劣，以至於儘管有陷入無政府狀態的風險，也值得以武力來推翻它。這種風險是非常現實的。值得注意的是，最成功的一些革命——一六八八年英國的以及一七七六年美國的革命——是由對法律深懷敬意的人完成的。如果沒有這種敬意，革命就容易導致無政府狀態或者專制。因而遵從法律，儘管不是一項**絕對的**原則，也是一項必須被高度重視的原則，只有在很少的情況下，在深思熟慮之後，才允許存在例外。

這些問題把我們引向了倫理學中的一種深刻的兩重性，不管多麼複雜，都要求我們去認識它。

在整個有文字記載的歷史上，倫理信念一直有兩個非常不同的來源，一個是政治的，另一個則涉及個人的宗教和道德信念。在《舊約》裡，這兩者似乎是完全分離的，一個是律法，另一個則是先知預言。中世紀裡，在由統治集團反覆灌輸的官方道德和偉大的神祕主義者教導並踐行的個人神聖性之間存在著同樣的區分。個人和公民道德的兩重性仍然存在著，這是任何完善的道德理論都必須考慮的問題。沒有公民道德，社會將滅亡；沒有個人道德，他們的存在將毫無價值。因此對一個美好的世界來說，公民和個人道德都同樣是必不可少的。

倫理學並不**僅僅**和我對鄰人的責任相關，無論這種責任是多麼正當地被構想出來的。公共責任的承擔並不構成美好生活的全部內容；還存在著對個人價值（excellence）的追求。儘管人類部分是社會性的，但是卻並不是完全如此。人類有各種思想、情感和衝動，這些思想、情感和衝動可能明智也可能愚蠢，可能高尚也可能卑鄙，可能充滿愛意也可能受仇恨激發。如果他的生活要想變得還可以忍受的話，這些思想、情感和衝動中較好的一面就必須有發揮的空間。因爲儘管在孤獨中很少會有人幸福，但是在一個不容許任何個人行動自由的社會裡，更沒有人會幸福。

個人價值，儘管很大部分存在於對他人的正當行爲當中，但也仍然有其他方面。如果你因爲瑣碎的消遣而忽略了你的職責，你會感到良心上的譴責；但是如果你一時爲美妙的音樂或者美好的落日吸引，你回來時並不會有羞愧感，也不會覺得虛度了光陰。危險的，倒是聽任政治和社會責任過於徹底地支配了我們關於個人價值的觀念。我正力圖表達的，儘管並不依賴於任何神學信仰，但是和基督教信仰卻是非常協調一致的。蘇格拉底和使徒們[1]告訴我們應該服從神而不是服從人，《福音書》對於愛上帝和愛鄰舍

1 原文為the Apostles，首字母大寫的the Apostles一般指耶穌的十二門徒。——譯注

則是一樣地強調。[2]所有偉大的宗教領袖，以及所有偉大的藝術家和富於才智的發明家，都顯示出一種要實現他們創造性衝動的道德強迫感（a sense of moral compulsion），以及當他們已經實現這些衝動時的道德提升感（a sense of moral exaltation）。這種情感是《福音書》所宣稱的對上帝的職分（duty to God）的基礎，並且是（我再說一遍）可以和神學信仰分離的。我對鄰舍的職分，無論我的鄰舍怎樣設想它，並不是我的職分的全部。如果我有一種出於良心的深刻信念，認爲我應該不顧政府當局的譴責做自己認爲正確的事，我就應該遵從我的信念。反過來，社會則應當給我自由讓我遵從自己的信念，除非有許多非常有力的理由來剝奪我的自由。

然而，並不是只有爲責任感所激發的行爲才應該免於過度的社會壓

---

2 參見《聖經・馬太福音》，第二十二章第三十七—四十節；《聖經・馬可福音》，第十二章第二十九—三十一節；《聖經・路加福音》，第十章第二十七節。這裡的鄰舍不可狹義地理解為「鄰居」，而應廣泛地理解為「世人」。——譯注

力。藝術家或者科學發明家也會做最有社會效益的事情，但是僅僅出於責任感，他不可能做好自己的本職工作。他必須有一種作畫或者發明的自發衝動，否則，他的畫將毫無價值，他的發明也將無足輕重。

我認爲，個人行爲領域在道德上並不低於社會責任領域。相反，一些最好的人類活動，至少在感覺上是私人的，而非社會的。就像我在第三講裡所說的那樣，先知、神祕主義者、詩人、發明家都是一些以洞察力來支配自己生活的人；他們在本質上都是孤獨的人。當他們主導性的衝動很強烈的時候，如果權威和他們深信爲正確的事情背道而馳，他們會覺得自己不能服從權威。儘管由於這個緣故，他們在自己的時代常常遭到迫害，但是在所有人當中，他們卻可能成爲後世致以最崇高敬意的人。正是這些人將我們最珍視的東西帶到世上，不僅在宗教、藝術和科學方面，而且在我們對待鄰人的情感方式方面，因爲社會責任感的進步，正像其他所有事情一樣，在很大程度上應歸於這些思想和情感並不屈從於群體支配的孤獨者們。

人類生活要想不變得乏味和無趣，就應認識到有些事物所具有的價值完全不取決於其有用性。一個事物有用，是因爲它是其他事物的手段，但是其他事物，如果反過來並不僅僅是手段的話，就必須因爲它自身的緣故而被珍視，因爲否則的話，有用性就是虛假的了。

在手段和目的之間達到適當平衡，既是困難的，也是重要的。如果你關注於強調手段，你可能會指出，文明人和原始人、成年人和孩子、人與獸之間的差別，很大程度上在於對行爲中目的和手段的重視不同。文明人會爲自己的生命保險，原始人則不會；成年人刷牙是爲了防止蛀牙，孩子則不然——除非受到強迫；人類在農田勞動，以便爲冬天準備食物，動物則不會。深謀遠慮——包括爲了未來的快樂而在眼下做各種令人不快的事情——是精神進步最本質的標誌之一。因爲深謀遠慮並不容易，並且需要控制衝動，道德家們才強調它的必要性，並且強調眼下犧牲的美德甚於強調事後報償的快樂。你必須正確行事，因爲那是正確的，而不是因爲它是通往天堂之路。你必須節儉，因爲所有明智的人都這樣做，而不是因爲你可能最終獲得一筆使你能夠享受生活的收入。諸如此類。

但是強調目的甚於手段的人可能會提出相反的，但同樣正確的論點。一個上了年紀的富商由於年輕時操勞過度而消化不良，以至於他那些無憂無慮的客人大吃宴席的時候，他吃的卻只是乾麵包，喝的只是白開水，看到這樣的情形是令人同情的；他在整個漫長的操勞歲月裡一直期待著財富能帶來快樂，但他卻不知道快樂在哪裡，他唯一的快樂就是用財產權來迫使他的兒子也屈從於一種類似的徒勞無益的苦差事。守財奴，對手段的專注是病態的，人們普遍認爲他們是不明智的，但是較輕的相同病態表現卻往往會受到不恰當的讚譽。如果沒有意識到目的的存在，生活會變得沉悶無趣和黯淡無光；最終，對刺激的需要會過於頻繁地在戰爭、殘忍、陰謀或者其他一些破壞性的活動中，比它在相反情況下本該的那樣，找到更糟糕的發洩出口。

有些人自稱是「講求實際的」人，他們多半只專注於手段。但是他們的聰明只有一半。如果我們考慮和目的相關的另一半時，經濟過程和整個人類生活就會呈現出全新的面貌。我們不再詢問：生產者生產了什麼，消費使消費者去生產什麼？相反，我們會追問：在消費者和生產者的生活中，是什麼使他們快樂地生活呢？他們的所感所知或者所作所爲能夠證明他們的創造是正當的嗎？他們是否體驗到了新知識的光榮？他們懂得友誼和愛情嗎？他們是否能融入陽光、春意和花香裡？他們是否感受到了淳樸的社會在歌舞之中所表達出來的生活的喜悅呢？有一次，在洛杉磯，有人帶我去看一些墨西哥僑民，人們告訴我，他們是閒散的遊民，但是在我看來，他們似乎更多地享受著生活，把生活看作是一種恩賜，而那些帶我遊覽的人卻辛苦工作，著急操心，似乎生活是命中注定應該受到詛咒的。然而，當我試圖解釋這種感受的時候，腦子卻一片空白，完全喪失了理解力。

人們並不總是記得，政治、經濟和社會組織一般說來應歸入手段的範圍，而不是目的的範圍。我們的政治和社會思想很容易陷入所謂的「管理者謬誤」，我用這個詞來指一種把社會看成是一個有系統的整體的習慣，如果這個社會能夠令人愉快地被規劃成一種有秩序的模式，一個各部分都能很好相互契合的、安排得當的有機體，那麼人們就認爲這個社會是好的。但是一個社會的存在不是爲了滿足，或者至少不應該爲了滿足一種外在的觀感，而是要把一種優良的生活帶給組成它的那些個體。正是在個體身上，而不是在整體裡，我們才能找到終極的價值。好的社會是給社會成員帶來好生活的手段，而不是由於自身的緣故而具有某種獨立價值的東西。

當我們說國家是一個有機體時，所用的是一種比擬，但如果不能認識到比擬的侷限性的話，那麼它可能就是危險的。在嚴格意義上，人類和高等動物都是有機體：凡是發生在一個人身上的善或者惡，都是發生在作爲個體的**他**身上的，而不是發生在他這個或那個部位上。如果我牙痛，或者腳趾痛，感到痛的是**我**，如果沒有神經連著我大腦的相關部位的話，這種疼痛就不會存在。但是當一個赫里福郡[3]的農夫遭遇到暴風雪的時候，感到寒冷的並不是倫敦政府。這就是爲什麼只有個體的人才是善惡的承受者，而一個人身上

3 赫里福郡是威爾斯邊境上的一個英格蘭舊郡，以產梨和蘋果著稱。——譯注

的任何獨立部位或者任何人的集合都不是善惡的承受者的原因。若認爲在不同個體的善惡之外，人類集體也有善惡，那就錯了；而且，這是一個直接導致極權主義的錯誤，從而是危險的。

在哲學家和政治家中，有些人認爲，國家具有自身的價值，而不僅僅是實現公民福祉的手段。我找不出任何理由贊同這一觀點。「國家」是一種抽象物；它並不會感受到痛苦或者快樂，它沒有任何希望或者恐懼，我們認爲是國家目的的那些東西，實際上是掌控國家的那些個人的目的。當我們具體地而不是抽象地思考的話，我們就會發現，特定的某些人取代了「國家」，他們擁有的權力比大多數人所享有的要多得多。由此，對「國家」的讚頌實際上變成了對少數統治者的讚頌。沒有哪個民主派能容忍這樣一種從根本上來說不公正的學說。

還有另外一種倫理學說，在我看來，也同樣是不適當的；這是可以稱之爲「生物學的」理論，儘管我並不是要表明它是生物學家持有的理論。這種觀點源於對進化的思考。該理論認爲，生存競爭已經慢慢導致了越來越複雜的有機體，而（迄今爲止）人類則達到了一個頂峰。根據這種看法，生存，或者更準確地說，自己所屬物種的生存是最高目的。如果該理論是正確的，那麼凡是能夠使地球上人口增長的東西，就應被看作是「善的」，而凡是使人口減少的東西則應被看作是「惡的」。

我找不到任何理由來證明這樣一種機械的，並且帶有算數性質的觀點。要找到一畝地，這畝地裡的螞蟻超過整個世界上的人口，這並不難，但我們並不能因此承認螞蟻具有更高的價值。難道有人寧願生活在骯髒和貧困的眾多人口當中，而不願過一種人口較少而充滿舒適的幸福生活嗎？

固然，生存是其他一切事情的必要條件，但生存只是那些有價值的事物的一個**條件**，並且可能並不會因爲自身的緣故而具有價值。在現代科技創造的世界裡，大量的管理是生存所需要的。但是賦予生存以價值的，必定主要來自於政府之外的那些源泉。協調好這兩種對立的要素一直是我們在探討的問題。

現在來總結一下我們討論過的各種線索，並且回憶一下我們時代的所有危險，我想重申某些結論，並且著重闡釋我認爲我們有合理的根據去懷有的那些希望。

從古希臘時代開始，在那些極其關注社會凝聚力的人和那些側重於個人主動性的人之間，就一直有一種長期的較量。在每一種這樣長期的爭論中，雙方肯定都有正確的地方；很可能並沒有一種明確的解決辦法，充其量也只是一種包含了各種調整和妥協的辦法。

就像我在第二講裡指出的，在整個人類歷史上，極度的無政府狀態時期和過於嚴厲的政府控制時期一直存在著交替起伏。在我們的時代，（到目前爲止）除了在世界政府的問題上，總是有過多的對權威的癖好，而對保護主動性則總是關注得太少。掌控大型組織的人的看法往往過於抽象，往往會忘記現實中的人喜歡的是什麼，並往往試圖讓人去適應制度而不是讓制度來適應人。

我們高度組織化的社會往往缺乏自發性，這和冷漠的政府當局對廣大地區的過度控制是分不開的。

分權所帶來的一個好處是，它爲希望以及具體表達希望的個人活動提供了新的機遇。如果我們的政治思想全都關注於世界性災難所產生的各種大問題和大威脅的話，我們就很容易變得絕望。對戰爭的擔心，對革命的擔心，對倒退的擔心，都可能隨你的性情和黨派偏見而困擾你。除非你是極少數強有力的個體之一，否則你很可能會感到自己對這些巨大的問題無能爲力。但是在一些較小的問題上，比如和你的城鎮、你的工會或者你的政黨的地方分部相關的問題，你卻能指望施加有效的影響。這將產生出一種樂觀精神，要想找到一種成功處理那些更大問題的辦法，就非常需要這種樂觀精神。戰爭、短缺以及銀根緊縮已經導致了幾乎帶有普遍性的疲勞症，並且使希望變得黯淡和渺茫。成功，即使最初只是在小範圍裡，對這種悲觀厭倦情緒也是最好的補救。而成功，對大多數人來說，意味著解決我們的問題，以及能夠從容地關注那些大得讓人絕望的問題。

這個世界已經成爲教條主義政治信念的犧牲品，在我們的時代，這些信念中最強大的是資本主義和共產主義。我認爲，以教條的和絕對的形式，它們中的任何一個都不能爲那些可預防的不幸提供一種補救。資本主義把發揮主動性的機會給了少數人；共產主義則（儘管它實際上並沒有）爲所有人提供了一種奴性的安全。但是如果人們能夠擺脫過於簡單的理論的影響以及它們引發的爭鬥的話，那麼就有可能透過明智地使用科學技術，爲所有人提供機會和安全。不幸的是，我們的政治理論比我們的科學更缺乏才智，我們還沒有學會怎樣利用我們的知識和技能來最大限度地使我們的生活幸福，甚至光輝燦爛。壓抑人類的並不只有戰爭的經歷和恐懼，儘管這也許是我們時代所有不幸中最大的不幸。我們同樣也被一種巨大的非人力量壓抑著，這種力量控制著我們的日常生活，使我們儘管在法律上不再是奴隸，卻仍然是環境的奴隸。情況並不非得如此。這種情況產生於對虛假神明的崇拜。精力旺盛的人崇拜權力而不是質樸的幸福和友情；精力不那麼旺盛的人則默認現狀，或者被對痛苦來源的錯誤判斷所蒙蔽。

自從人類發明了奴隸制，有權勢的人就以爲，他們的幸福可以透過給他人造成痛苦來獲得。慢慢地，隨著民主的發展，以及隨著基督教倫理在近現代應用於政治和經濟，一種比奴隸制的理想更好的理想已經開始流行，對公正的主張今天也得到了以前從未有過的承認。但是在透過精心構建的制度來追求公正的過程中，我們一直面臨著一種危險，即忘記只有公正是不夠的。日常的快樂、無憂無慮的時光、冒險以及從事創造性活動的機會，至少在帶來一種人們感到値得過的生活方面，和公正是同樣重要的。和悲喜交替相比，千篇一律可能更令人死氣沉沉。那些設計行政改革和社會改進方案的人，大都是不再年輕的一本正經的人。他們常常忘記，對大多數人來說，自發性和某種個人的自豪感都是幸福所不可缺少的。偉大征服者的那種自豪，不是一個管理良好的世界所能容許的，但是藝術家、發明家、一個把荒野變爲花園或者給某個地方帶來幸福的人（如果不是他，這裡仍然處於痛苦之中）也會感到自豪，這種自豪則是好的，我們的社會體制應該使之不僅對少數人，而且對於大多數人來說都是可能的。

很久以前推動我們原始祖先的狩獵和戰鬥活動的本能需要一個發洩出口；如果這些本能找不到其他發洩出口的話，它們會變成仇恨和由於事事受阻而心生的怨恨。然而，對這些本能來說，有許多無害的發洩出口。對於戰鬥，可以用競爭和劇烈的運動來取代它；對於狩獵，則可以用冒險和發明創造的樂趣來取代它。我們一定不要忽視這些本能，但我們也沒有必要爲它們遺憾；它們不僅是壞事的源泉，而且也是人類最偉大成就的源泉。當安全已經實現的時候，對尋求人類福祉的人來說，最重要的任務，既不是爲這些古老而強大的本能僅僅找到抑制的方法，也不是找到會造成破壞的發洩出口，而是盡可能多地找到能給人類生活帶來歡樂、自豪和榮耀的發洩出口。

在人類發展的整個時期，人類時常遭受兩種苦難：由外部自然界施加的苦難，以及人類錯誤地彼此施加的苦難。起初，那些最糟糕的不幸都可以歸因於環境。人類曾是稀有物種，其生存並不安全。若沒有猴子的機敏，沒有毛髮覆蓋，人類很難逃脫野獸的侵襲，在世界上大多數地區也無法忍受冬天的嚴寒。他只有兩種生物學上的優勢：直立的身體姿勢解放了他的雙手，智力則使他能傳授經驗。慢慢地，這兩種優勢賦予了他無上的地位。人類數量的增長超過了其他任何大型哺乳動物。但是大自然仍然能透過洪水、饑荒和瘟疫，並透過迫使大多數人不得不爲了獲取每天的食物而不停辛苦勞作來展示她的力量。

在我們自己的時代，作爲科學才智發展的結果，外部自然界對我們的束縛正迅速減少。饑荒和瘟疫仍然會發生，但我們一年比一年更加清楚地知道應該做什麼來預防它們。辛苦的勞動仍然是必需的，但這只是因爲我們不夠明智：如果有和平與合作，我們依靠非常適度的勞作就足以生存。依靠現有的技術，只要我們願意運用聰明才智，我們就能免受外部自然界很多古老的束縛。

但是人類彼此施加的不幸卻並沒有在同等程度上減少。仍然有戰爭、壓迫以及駭人聽聞的殘忍行徑，貪婪的人也仍然從不如他們那麼有技能或者不像他們那麼殘忍的人那裡攫取財富。權力欲仍然造成了大量暴政，或者當它無法採取更公然的形式時，則僅僅造成妨害。恐懼——內心深處的、幾乎沒有意識到的恐懼——在很多人的生活裡仍然是主要的動機。

所有這一切都不是必然的；人性中沒有什麼東西使這些不幸不可避免。我想盡可能地強調重申，我完全不贊成一些人的意見，這些人從我們好鬥的衝動推斷出，人性需要戰爭以及其他破壞性的衝突形式。我堅信的恰恰是與之相反。我認爲，好鬥的衝動有其重要的作用可以發揮，而我們也能大大減少它們的各種有害形式。

只要不畏懼貧困，占有的貪欲就會減少。權力欲能夠以很多對他人無害的方式來加以滿足：透過由發明和發現所帶來的對自然的影響力，透過創作各種令人欽佩的書籍或者藝術品，或者透過成功的說服。精力以及想要有所作爲的願望如果能夠找到正確的發洩出口，獲得就是有益的，否則的話，就是有害的——就像蒸汽，既能驅動火車，也能炸裂鍋爐。

我們從外部自然束縛下精力以及想要有所作爲的願望的解放，已經使一種比迄今爲止存在過的、更大程度的人類福祉變得可能。但是要實現這種可能性，就必須讓人們在所有肯定無害的方面自由發揮主動性，並且要鼓勵會使人類生活變得豐富多彩的各種形式的主動性。透過使人馴服和膽怯，我們不可能建立一個美好的世界，而是要透過鼓勵他們勇敢大膽、敢於冒險和無所畏懼來創立一個美好世界——對他們的同胞加以傷害的情形除外。在我們存在的世界上，善的可能性幾乎是無限的，而惡的可能性也恰是如此。造成我們目前困境的不是別的，更多的是這樣一個事實，即我們學習理解和控制外在於我們的自然力量已經到了可怕的程度，但是卻沒有學會理解和控制那些體現在我們自己身上的東西。自我控制始終是道德家的一句口號，但是在過去，它一直是一種沒有被理解的控制。在這些演講裡，我一直尋求對人類的需要做出一種理解——這種理解比大多數政治家和經濟學家所認爲的要更廣泛，因爲只有透過這樣一種理解，我們才能找到實現希望的道路，儘管我們的愚蠢行爲很大程度上傷害了這些希望，我們的技能卻已經使我們能夠實現它們。

譯後記

個人主動性是社會進步與發展所必需的，社會凝聚力則是人類生存和穩定所必需的，然而二者始終存在著巨大的緊張，並突出地表現爲權威與個人的衝突，如何處理好二者的關係也就成了現代社會政治理論的重要論題。羅素的這本小書是他在英國廣播公司六次演講的結集，儘管這些演講發表於二十世紀四〇年代，但是由於它們所處理的主題本身具有永恆的性質，因此對今天仍然有重要參考價值。

本書的翻譯自始至終得到了商務印書館徐奕春老師的指導和幫助；妻子黃曉慧通讀了譯稿，並在遣詞用句方面提供了許多幫助；導師張桂琳女士一直關注本書的進展；摯友香港浸會大學的韓思藝、浙江財經大學的陳林林、遠在加拿大求學的薛松曾就文中的一些疑難問題給予了有益的幫助；學弟周建明通讀了全書譯稿。

這樣一本小書，卻先後經過了五次「冷處理」和「熱加工」，譯者唯願能忠實表達原意，但即便如此，譯文中不妥之處定然難以避免，不當之處，還望方家指正。

京郊·昌平·軍都山下

羅素作品譯名對照表

（僅限於本書中出現的作品，按中文譯名的筆劃順序排列）

《工業文明的前景》（*The Prospects of Industrial Civilization*, 1923）

《中國問題》（*The Problem of China*, 1922）

《心靈分析》（*The Analysis of Mind*, 1921）

《布爾什維主義的實踐和理論》（*The Practice and Theory of Bolshevism*, 1920）

《用什麼方法去爭取和平？》（*Which Way to Peace?*, 1936）

《伊卡洛斯》（*Icarus*, 1924）

《自由之路》（*Roads to Freedom*, 1918）

《自由與組織一八一四—一九一四》（*Freedom and Organization 1814-1914*, 1934）

《西方哲學史》（*History of Western Philosophy*, 1945）

《我相信什麼？》（*What I Believe?*, 1925）

《科學世界觀》（*The Scientific Outlook*, 1931）

《原子初步》（*The ABC of Atoms*, 1923）

《哲學問題》（*The Problems of Philosophy*, 1912）

《哲學概要》（*Outline of Philosophy*, 1927）

《婚姻與道德》（*Marriage and Morals*, 1929）

《教育和社會秩序》（*Education and the Social Order*, 1932）

《對萊布尼茲哲學的批評性解釋》（*A Critical Exposition of the Philosophy of Leibniz*, 1900）

《數學原理》（*Principia Mathematica*, 1910-1913）

《數學原理》（*The Principles of Mathematics*, 1903）

《數理哲學導論》（*An Introduction to Mathematical Philosophy*, 1919）

《論教育》（*On Education*, 1926）

《論幾何學基礎》（*An Essay on the Foundations of Geometry*, 1897）

《羅素自傳，一九四四－一九六七》（*The Autobiography of Bertrand Russell 1944-1967*, London, 1969）

《權力論》（*Power*, 1938）

譯名索引

六畫

七畫

八畫

九畫

十畫

十一畫

十二畫

十三畫

羅素 年表

Russell, Bertrand, 1872-1970

年代	生平記事
一八七二年	五月十八日生於英國南威爾斯蒙默思郡（Monmouthshire）的拉文斯克羅夫特（Ravenscroft）。
一八八三年	從其兄弗蘭克學習歐幾里得幾何學。
一八八四年	開始進行哲學思考，並懷疑宗教。
一八九〇年	入劍橋大學三一學院學習哲學、邏輯學和數學。
一八九四年	大學畢業。寫論文〈幾何學基礎〉。任英國駐巴黎大使館隨員，與愛麗斯・史密斯結婚；參加費邊社活動。
一八九五年	訪問德國，在柏林大學研究社會主義，回英後向倫敦經濟學院發表「德國社會民主主義」的報告。任三一學院研究員。
一八九六年	與愛麗斯同訪美國，在約翰・霍普金斯大學及布利馬爾學院講學。
一八九八年	在劍橋講萊布尼茲哲學。與英國哲學家喬治・摩爾共同掀起批判康德與黑格爾的運動。
一九〇〇年	出席在巴黎舉行的國際哲學會議，在會議中，遇到義大利卓越的數學家皮亞諾、法國哲學家亨利・柏格森等人。
一九〇五年	創立「描述論」，為他的邏輯原子論哲學奠定基礎。
一九〇八年	成為英國皇家學會會員。

年代	生平記事
一九一〇年	與懷德海合著《數學原論》第一卷出版。在劍橋三一學院講授數理邏輯。
一九一一年	當選倫敦亞里士多德學會會長。
一九一三年	在亞里士多德學會講「數理邏輯在哲學中的重要性」，並在三一學院開設「柏格森哲學講座」。
一九一四年	在牛津大學開設「斯賓塞哲學講座」。完成《哲學中的科學方法》。在哈佛大學開設「羅威爾講座」，題目是「我們對外在世界的認識」。開始為反對第一次世界大戰開展社會活動並撰寫一系列反戰小冊子。
一九一五年	在曼徹斯特哲學會發表《物質的最後結構及其成分》。
一九一八年	在倫敦發表關於邏輯原子論的八次演講，承認他的學生維根斯坦對他的影響。因反戰坐牢六個月，並在獄中完成《數理哲學導論》。
一九二一年	與第一位夫人愛麗斯．史密斯離婚，與朵拉．柏萊克結婚。與朵拉共訪中國和日本，在中國北京大學講學。第一個兒子約翰出世。
一九二三年	競選國會議員，又失敗。生女凱蒂。
一九二四年	在美國作旅行演講，在紐約青年聯合會講「如何獲得自由和快樂」。
一九二五年	在三一學院的泰納講座講「物的分析」。
一九二七年	再次赴美講學。開設畢肯山小學。在巴特西市政廳發表《我為什麼不是基督徒》。

年代	生平記事
一九二九年	赴美講學，在西北大學的「現代思潮講座」發表《解決世界問題的三個方法》。
一九三五年	與第二任夫人朵拉離婚。
一九三六年	在荷蘭阿姆斯特丹大學開「格雷伯爵紀念講座」，講「宿命論與物理學」。第三次結婚，夫人是海倫・派特麗夏・斯賓塞。
一九三八年	在牛津大學講授「語言與事實」。到美國定居六年才返國，在芝加哥大學任教。
一九三九年	在加利福尼亞大學任教。
一九四〇年	在哈佛大學開設「威廉・詹姆斯講座」，題目是「意義與真理探究」。在紐約市立大學引起了一場風波，發生「羅素案件」。
一九四一年	在賓夕法尼亞州巴恩斯基金會開設「西方哲學史」講座。在哥倫比亞廣告公司所屬電臺講黑格爾歷史哲學。
一九四二年	繼續在哥倫比亞廣播公司電臺開哲學講座，講笛卡兒方法論，斯賓諾莎倫理學。
一九四四年	返英。第二次成為三一學院的研究員，講授「非論證性推理」。
一九四七年	向全國書籍協會發表《論哲學與政治》。
一九四八年	赴挪威演講，海上遇難，被救起後在當地大學講「如何防止戰爭」。在英國廣播公司參加萊斯講座，講題是「權威與個人」。

年代	生平記事
一九四九年	由英王喬治六世頒發英國最高「榮譽勳章」，在威斯敏斯特學校發表《原子能與歐洲問題》。
一九五〇年	獲得諾貝爾文學獎。赴澳講學。
一九五一年	應紐約哥倫比亞大學「馬特切基金會」之邀，前赴發表《科學對社會的影響》。在英國廣播公司發表三大演說：「美國對歐洲政治與文化的影響」、「科學方法的本質與來源」、「懷疑主義與容忍」。
一九五二年	與第三位夫人白翠霞．史本斯離婚，與美國傳記作家艾迪思．芬琪結婚。
一九五五年	因保衛和平活動獲「銀梨獎」。與愛因斯坦等人聯合發出反對使用核武器的聲明。
一九五七年	獲聯合國教科文組織的卡林加獎金，發起和組織布格華許和平會議。
一九五九年	出版《常識與核戰爭》、《我的哲學發展》。
一九六三年	成立羅素和平基金會。
一九六六年	向美國士兵發出結束越南戰爭的呼籲書：成立國際戰犯審判法庭。
一九六七年	出版《越南戰犯》。
一九七〇年	二月二日逝世，享年九十七歲。

經典名著文庫 150

權威與個人

Authority and the Individual

作　　者 —— 〔英〕伯特蘭・羅素（Bertrand Russell）
譯　　者 —— 儲智勇
發 行 人 —— 楊榮川
總 經 理 —— 楊士清
總 編 輯 —— 楊秀麗
文庫策劃 —— 楊榮川
副總編輯 —— 蘇美嬌
封面設計 —— 姚孝慈
著者繪像 —— 莊河源
出 版 者 —— 五南圖書出版股份有限公司
地　址 —— 台北市大安區 106 和平東路二段 339 號 4 樓
電　話 —— 02-27055066（代表號）
傳　眞 —— 02-27066100
劃撥帳號 —— 01068953
戶　名 —— 五南圖書出版股份有限公司
網　址 —— https://www.wunan.com.tw
電子郵件 —— wunan@wunan.com.tw
法律顧問 —— 林勝安律師事務所　林勝安律師
出版日期 —— 2022 年 1 月初版一刷
定　　價 —— 260 元

國家圖書館出版品預行編目資料

權威與個人 / 伯特蘭・羅素 (Bertrand Russell) 著 ; 儲智勇譯 . -- 初版 -- 臺北市 : 五南圖書出版股份有限公司 , 2022.01 印刷
面 ; 公分 . -- (經典名著文庫 ; 150)
譯自 : Authority and The Individual
ISBN 978-626-317-332-3(平裝)

1. 社會控制 2. 個人主義

541.8　　110017917